# 小平小道

XIAOPING
XIAODAO

朱虹 ◎ 著

# 一条小道

朱虹 / 词
葛平波、戴君 / 曲

一条小道弯弯曲曲，
伟人迈着坚实步履。
博览群书剖析国情，
忧思着国家的前途命运。

三年观察和思考，
思路更加清晰，

---

注：1969年10月至1973年2月，邓小平被下放到江西省新建县拖拉机修造厂劳动。为方便小平同志上下班，工人师傅们用炉灰渣铺了一条1500米长的小道，即"小平小道"。

思想更加明确，
信念更加坚定。

小道连着群众生息，
贫穷不是社会主义。
大刀阔斧抓整顿，
安定发展创奇迹。

挺立潮头把握时机，
改革开放高擎大旗。
开创中国特色社会主义，
小平小道通往幸福富裕。

# 前 言

2024年是邓小平同志诞辰120周年，在这个时间节点上来回顾他从1969年10月至1973年2月下放江西劳动的日子，具有特别重要的意义。

邓小平同志的一生波澜壮阔、跌宕起伏、三落三起、饱受磨难而屹立不倒。

第一次"落"与"起"，是在1933年，邓小平当时担任会昌中心县委书记，因坚决抵制"左"倾政策，被视为所谓"邓（小平）、毛（泽覃）、谢（唯俊）、古（柏）"路线的带头人，被撤销职务，受到党内"最后严重警告"处分，被派往乐安县所属的南村当区委巡视员。随后他被调到红军总政治部任秘书长，负责主编总政机关报《红星》。1934年底，他被任命为中共中央秘书长。

第二次"落"与"起"，是在1966年"文化大革命"开始时，邓小平被确定为"党内第二号走资本主义道路的当权派"并被打倒。当时他是党的总书记，被撤销党内外一切职务，保留党籍，并被下放江西劳动。直至1973年，他回到北京，后担任中共中央副主席、国务院副总理、中央军委副主席、中国人民解放军总参谋长，主持党、国家、军队的日常工作。

第三次"落"与"起"，是在1976年因为大刀阔斧地进行整顿，同"四人帮"进行了坚决的斗争，邓小平在"批邓、反击右倾翻案风"运动中被再次打倒，被撤销党内外一切职务，直到1977年7月党的十届三中全会前夕才再次复出。随后，他成为中共中央第二代领导集体的核心、中国改革开放的总设计师，被外国媒体称为"打不倒的东方小个子"。

在世界发展史上，还没有发现哪一个大国有这样一位传奇人物，三次被打倒，三次都站起来，而且每一次都站得更高，位置更重，发挥的作用更大。特别是最后一次，他作为全球人口最多的国家的领导者，带领全国人民不仅改变了中国，同时也改变了世界。邓小平曾幽默地说："如果给政治上东山再起的人设立奥林匹克奖的话，我有希望获得该奖的金牌。"

本书并未全面研究邓小平光辉灿烂的一生，而是重点讲述他下放江西劳动的三年零四个月这段特殊经历。正是在小平小道，他深刻思考了改革开放的一系列重要问题。

第一，这里是他理论创新的准备之地。在艰难时期，江西为邓小平提供了一个较为宽松的环境，他在这里系统学习马列著作、毛泽东著作，大量阅读历史、文学、哲学等方面的书籍，提升了理论创新的水平和能力。他还坚持读报和听广播，关注并思考当时的时局动向。在此期间，他停服了安眠药，坚持洗冷水澡和锻炼身体，为领导改革开放做了充分的智力和体力准备。

第二，在这里他深刻反思了社会主义的本质。他广泛调研了革命老区的社会经济状况，对基层群众的贫困生活有了直接了解，他尖锐地指出"和西方国家比起来，我们最少落后40年"。他将生产力发展的快慢作为衡量社会主义的一个标准，明确提出了"贫穷不是社会主义"的著名论断，而这正是改革开放的起点。

第三，在这里他深刻反思了怎样建设社会主义。邓小平明确提出，在工业和农业中要改变旧的生产方式和环节，发展"机械化"，搞"流水线"，并充分肯定要发展外销产品，为国家创汇。实际上就是要引进国外先进技术、先进设备，扩大进出口。

第四，在这里他深刻反思了"文化大革命"。在"文化大革命"中，乱象丛生，出现了大量的冤假错案，一大批老干部被打倒，死人伤人事件时常发生，正常的生产生活秩序被严重破坏，国家经济到达了崩溃的边缘。这样的"革命"今后还能再搞吗？1972年11月，在江西省泰和县与池龙的谈话中，邓小平明确指出："'文化大革命'是'左'了，被坏人钻了空子。"

第五，在这里他深刻思考了如何科学理解毛泽东思想。驻地工作人员要他学习《毛主席语录》时，碰了软钉子。邓小平拒绝碎片化、片段式地学习毛泽东思想。他在1972年8月给毛泽东写信说："我认为毛泽东思想是一切领域中全面地发展了马克思列宁主义，只讲'老三篇'，不从一切领域中阐述和运用毛泽东思想，就等于贬低毛泽东思想，把毛泽东思想庸俗化。"这实际上是开创了正确评价毛泽东和毛泽东思想的先河，是解放思想、实事求是的先声。

邓小平通过在小平小道的观察和思考得出一系列正确的结论，为后面的改革开放奠定了思想基础。有的同志提出，邓小平改革开放的思想是1974年至1975年才产生的。邓小平明确指出："说到改革，其实在1974年到1975年我们已经试验过一段……那时的改革，用的名称是整顿，强调把经济搞上去，首先是恢复生产秩序。凡是这样做的地方都见效。"哈佛大学著名教授傅高义在《邓小平时代》一书中明确指出："邓小平在离开江西时，他对中国问题的严重性和进行改革的必要性已经不存在任何幻想。""他坚信中国需要更深层次的变革，他对中国应当向何处去有了更清晰的认识。"邓小平夫人卓琳在写给新建县拖拉机修造厂的信中说："通过三年的观察，他（邓小平）更加忧思党和国家的前途命运。通过三年的思考，他的思想更加明确、思路更加清晰、信念更加坚定。这些，对于他复出不久即领导进行全面整顿，以及在党的十一届三中全会后制定新时期路线方针政策产生了直接的影响。""从'小平小道'上延伸出去的，则是一条通往国家富强、人民幸福的中国特色社会主义康庄大道。"

应该说，"文化大革命"十年是邓小平人生中最为痛苦的一段经历。一个伟大人物如何度过自己的艰难岁月，其中展现出了什么样的特殊品质，值得每一个人深思。

邓小平从江西回到北京之后去见了毛主席。毛主席问他这几年是怎么过来的，他稍一思考，就回答："等待。"他在等待什么？在等待时局的变化，等待毛主席对他的再认识。果然在"九一三"事件之后，他被起用了。

加拿大前总理皮埃尔·特鲁多曾回忆，1979年他下野后希望重返政治舞台。他问邓小平："你曾有这样的经历，你的秘诀是什么？"邓小平说只有一个：忍耐。忍耐，是因为拥有崇高的信仰，对为之奋斗的事业充满信心，是大政治家坚强性格的重要体现，是心中虽波涛汹涌但引而不发的冷静表现，是一代伟人长期的人生积淀形成的高尚品格。

1984年日本首相中曾根康弘访华时，曾问邓小平："你最痛苦的是什么时候？"邓小平回答说："我一生最痛苦的当然是'文化大革命'的时候。其实即使在那个处境，也总相信问题是能够解决的。前几年外国朋友问我为什么能度过那个时期，我说没有别的，就是乐观主义。"乐观主义就是永远相信真终将战胜假，美终将战胜丑，正义终将战胜邪恶，理想终将变成现实。有了这样的世界观和人生观，就会对自己的前途和命运充满信心和勇气。1972年，邓小平在江西时就预言，他还能干20年，他后来果然又工作了20年。1992年，邓小平发表著名的南方谈话，将改革开放推向了新阶段。

那么，邓小平的力量来自何方呢？他生前说过的最有名的一句话是："我是中国人民的儿子，我深情地爱着我的祖国和人民。"祖国和人民，就是邓小平创造奇迹的力量之源！

# 目 录 MULU

前 言　　　　　　　　　　　　　　　1

第一章
周总理的两个电话　　　　　　　　/ 001

第二章
风起含秀轩　　　　　　　　　　　/ 013

第三章
"将军楼"的神秘来客　　　　　　　/ 027

第四章
拖拉机厂的新工人　　　　　　　　/ 041

第五章
保护"老邓"　　　　　　　　　　　/ 059

第六章

邓家的菜园子 / 071

第七章

父亲的手写信 / 085

第八章

邓小平的书单 / 103

第九章

和工友们在一起 / 119

第十章

一条特殊的小道 / 133

第十一章

峰回路转 / 147

第十二章

圆梦井冈山 / 161

第十三章

**重返瑞金** / 175

第十四章

**复出之路** / 193

尾 声

**小平小道通往康庄大道** / 213

参考文献 222

后 记 223

第一章

# 周总理的两个电话

丁零零，碧绿的樟树浓荫里，一阵急促的电话铃声打破了江西省革委会核心领导小组办公室的宁静。此时是上午8点左右，谁会这么早打电话过来？带着一丝诧异，办公室主任程惠远伸手接起了电话。

沙沙的电流声中，一个略微沙哑还带点江苏口音的声音响起来："你好，我是周恩来。"

是敬爱的周总理！程惠远非常意外，他难掩激动的心情，赶紧站起来向总理问好，同时一丝疑问也袭上他的心头：周总理日理万机，是出了名的"大忙人"，他为什么会亲自把电话拨到这里来呢？

总理在电话里温和地问道："请问程世清政委在吗？"

程世清曾担任中国人民解放军二十六军政委，一年前江西的"武斗"愈演愈烈，他奉命入驻江西阻止"武斗"，并组建了江西省革委会，担任革委会主任、军区第一政委，是江西的一把手。这天他下乡去了，不在办公室。

程惠远赶紧回答:"报告总理,程政委下乡去了。"

周总理又问:"杨栋梁司令员是否可以接电话?"

杨栋梁时任江西省军区司令员、省革委会副主任。这天可真不凑巧,他也不在办公室。

程惠远略有点不好意思地告诉总理,杨司令员也不在。总理听完在电话那头沉吟半刻,没有马上挂电话。

程惠远心想,总理肯定是有紧急事务才打电话到江西来,偏偏赶上两位领导都不在,如果因为这个耽误了总理的大事,江西方面就担待不起了。

事实上,程世清经常不在办公室,总理下次来电他也不一定能够接听。程惠远把这个情况和周总理做了汇报,并介绍了自己的职务——他是江西省革委会办公室主任,也是省革委会核心领导小组成员。

周总理说:"那好,有件事情你记一下,要向程世清同志报告。中央决定,中央首长要到下面去,到江西去的也有几位。"

中央首长要到江西来,事先没有一点风声,由总理来电话通知!程惠远知道这件事情非常重要,赶紧拿出笔和本子做记录。

这一天是1969年10月18日。

此时的程惠远并不知道,前不久林彪口授的《关于加强战备,防止敌人突然袭击的紧急指示》已经下发,要求全军进入紧急战备状态。这条指令就是颇具争议的林彪"一号号令"。

这条指令的背景，源于新成立的中华人民共和国面临的复杂而严峻的国际、国内形势。

当时国际上以美国和苏联为代表，形成资本主义和社会主义两大阵营，彼此对立，开启冷战。被国际社会划归为社会主义阵营的中国，既不被美国等西方资本主义国家承认，又被他们作为假想敌进行针对和封锁。苏联和中国从1949年建交以来，曾有过兄弟般友好的亲密期，"苏联老大哥"一度是新中国强有力的盟友。然而到了20世纪60年代，因为意识形态的分歧，两国逐渐产生矛盾，关系破裂。

就在1969年3月到8月间，中苏边境多次爆发冲突事件，特别是上半年，苏联军队多次侵入黑龙江省的珍宝岛一带，制造流血事件，中国边防部队被迫还击。这一边境武装冲突事件，实际上成为中苏两国关系的转折点，不仅导致两国关系空前恶劣，也让国际形势发生了变化。

苏联手握核武器，蠢蠢欲动，他们私下向美国等国试探对中国发动突然袭击的可能性。"苏联准备炸掉珍宝岛"这个说法一经传出，同为核武器大国的美国就坐不住了。美国国务卿基辛格当即给苏联发了一份电报，警告苏联不要动用核武器，否则美国绝不会置之不理。

在国内，"珍宝岛事件"导致党内的一些领导同志做出了国际形势日益严重、世界大战不可避免的判断，于是就有了在全国范围内进行大规模的战备工作的需要。

经过两国的交涉,中苏将于10月20日在北京重开边界谈判。考虑到北京的地理位置处于苏联"核打击"的范围内,为了避免出现最坏的结果,也为了配合战备需要,中央决定疏散大中城市人口、物资,把一些人员比如中央领导(包括被打倒的原中央领导)、机构、群众疏散到郊区和内陆各地。董必武、朱德到广东,叶剑英去长沙,陈毅去石家庄,聂荣臻去邯郸,徐向前去开封等,陈云、王震、邓小平到江西。

此时正处于"文化大革命"的第一阶段,"打倒一切""怀疑一切""全面动乱"以及层出不穷的"文斗""武斗",使得地方各级党委陷入瘫痪,各地的交通和生产生活受到了相当大的破坏。全国29个省、市、自治区都成立了革命委员会,对"武斗"运动进行了控制,但是地方上的情况比较复杂,"革命"高于一切,有不少地方革委会的头头们是凭借"造反""夺权""镇压"等功劳升上来的。

老干部们离开中央到地方上去,他们年纪偏大,身体也不比当年,如果在地方上遭受了不公正的待遇,将会造成严重的后果。疏散老干部一事干系重大,毛主席也非常慎重,指定让周恩来总理全盘负责调度。

好几天了,周总理都在打电话,声音都沙哑了。他心里着急,顾不上休息,也顾不上越来越严重的心脏病,只想着一件事:如何妥善地安置好他的老战友和同事们。

周总理尤其担心其中一些正在受着处分、戴着"帽子"的老干

毛泽东、周恩来、邓小平在中共八大闭幕式上

部,比如当时被错误批判为"党内第二号走资派"的邓小平。

被安排去江西的三位老同志里,陈云、王震有着中共九大中央委员的职务,随身带着警卫员到地方上去。毛主席曾亲口说过:要把陈云、王震他们放在交通沿线,来去方便,万一打起仗来,要找的时候,还离不了这些人呢。江西会以接待中央首长的规格接待他们,保证他们的安全和舒适。但是邓小平却不一样,他在两年前被打成"党内第二号走资本主义道路的当权派",撤销党内外所有职务,正处在被打倒、被批判的阶段,偏偏他"文化大革命"前担任中共中央总书记,很容易被认出来。如果被"红卫兵""造反派"认出来了揪斗，该怎么办？

此外还有一个让周总理放心不下的问题：邓小平要到江西去，而江西的一把手程世清同林彪关系非同寻常，并曾写过一篇对林彪极尽讴歌吹捧的文章《亲切的关怀，光辉的榜样——到林副主席家作客》。这样的程世清对于邓小平在江西的生活会采取何种立场和态度？可能会做出什么样的行动？在这个特殊时期，局势发展风云莫测，个人行为难以预料，而一个细节出现变数，将给一个人、一个组织甚至是一个国家带来难以估量的损失。

对于种种可能发生的情况，周总理不得不思虑周详、早做安排，于是就有了这通打到江西省革委会的电话。

周总理原本是想直接致电程世清，以自己的影响力对他形成约束。他对程世清的情况是了解的，这也是一位老红军，1955年被授予少将军衔，行军打仗有魄力，制止江西"武斗"有功，但是跟林彪跟得太紧，在这个特殊时期会站在什么样的立场难下判断。最主要的是自己几次打电话到江西找他，他都不在。

此时周总理对接电话的程惠远印象不错，于是用亲切又温和的语气说："中央首长到下面去蹲点，适当参加些劳动，向群众学习。"他介绍了将要疏散到江西的陈云、王震两位老干部的情况，并关心地问江西冬天有没有暖气，交代省里在生活上要适当照顾他们。

总理不动声色地和程惠远拉家常："你是不是同程世清政委一起从山东济南部队调过去的呀？"

程惠远和程世清一样,也是河南人,口音带着很浓的河南腔,他连忙分辩道:"不是的,我是从北京中央军委装甲兵司令部调来的。"

听到这里,总理心里有了底,他从程惠远的履历和接电话的态度上,判断程惠远是一个可以嘱托的人选。

接着,他口气一变,郑重地说:"还有一件事,大概汪东兴主任告诉你们了,你知不知道?"

程惠远有点莫名其妙,连忙摇头,又反应过来总理在电话那边看不见,忙说:"没有没有,我不知道,总理说的是什么事情?"

周总理说:"邓小平夫妇也到你们那里去。主席不是在九大说过吗?邓小平的问题和别人不同,他下去是到农村锻炼一下。当然,他也不能当全劳力了,都60多岁了,身体也不太好。收房费也适当照顾一点。"

总理再三叮嘱程惠远:"当前地方上的情况也很复杂,老干部到了之后,当地群众肯定会认出他们来;也许有人会找他们的麻烦,遇上这种情况,他们自己不好解释,你们省革委会要出面做工作,保护他们的安全。要多关心,多帮助他们。"电话的最后,总理要求江西省革委会向程世清报告情况,并拿出具体方案。

长长的一段通话结束,程惠远放下听筒,才发现自己背上出了一层细细的汗。中央首长突然要到江西来蹲点,为什么来,要待多久,这些问题都没有谈到,对他们的待遇问题却有具体的交代。程惠远听懂了周总理语重心长的托付。

责任重大啊，他不禁离开办公桌，走到窗前看着樟树林出神，都用不着仔细瞧，院子里就有"打倒邓小平"的标语口号，"邓小平"的名字上画着大大的红叉。这件事很棘手。当前江西省革委会在程世清的把控下氛围激进，到处都在大干大修。程惠远能想象得到，如果没有总理的指示，邓小平这些老干部在江西将会受到怎样极不公正的对待。作为一个有良知的党员干部，他不能对不起总理的嘱托，也深为特殊时期周总理对老同志的关怀而感动，但是江西的情况他做不了主，只能见机行事。

他立即整理出电话记录分送给有关负责同志，自己则马上动身，驱车350多公里去往婺源县，向正在那里的程世清汇报。

南昌到婺源要跑十几个小时，程惠远晚上便在景德镇中转休息。他在招待所吃过饭正准备躺下时，来了一个指名他接的电话。这个电话是来传达林彪"一号号令"的，指示从北京疏散下来的"走资派"，要在江西接受"监督劳动"。

前后两个电话，传达着两种截然相反的精神，事态的复杂让程惠远坐不住了，他赶紧起来，连夜赶到婺源，敲开程世清的房门，传达两个电话精神。

程世清自然倾向于积极执行林彪的指示命令，但是周总理在党内的地位和威望让他也有所顾忌。特别是周总理抢先一步亲自打电话来交代工作，他不敢怠慢和敷衍。尤其是他听说周总理的工作作风细致、周到，事后还会检查。

程世清找来江西省革委会副主任、军区副司令员陈昌奉商量对策。陈昌奉是老红军，长征路上当过毛主席的警卫员。程世清说："这次来江西的人中，陈云和王震是九大中央委员，还好安排。邓小平是'党内第二号走资派'，怎么安排才为妥当？"

陈昌奉处事细致，心里头有杆秤："主席对待任何犯错误的同志，都不会一棍子打死，方针是治病救人。"他看着程世清说："这个原则当然也适用于邓小平。党中央把邓小平交给江西，是对我们的信任，我们不要节外生枝。把他安置好，不要出什么问题，什么时候主席想他了，我们再顺顺当当送回去，交给主席。"

这番话让程世清陷入沉思，经过慎重考虑后，他对三人在江西的安置给出了具体方案："惠远同志，你回复总理，对陈云、王震、邓小平来江西，我们表示欢迎。他们三人来后，每人给配小车一辆，下一段活动以及今后看文件、生活上的问题，我们都做具体的安排。我们保证三人的绝对安全，不准'造反派'冲击他们。另外，把邓小平夫妇安置到赣州，至于陈云、王震住在什么地方，和他们俩商量后再定……"

程世清是个坐不住的人，他边盘算边口述，边站起来在屋内踱步。其他两人好安排，邓小平的身份敏感，对他的安排着实有点拿不准，走着走着他突然停下来，对程惠远说："这样吧，你汇报的时候再请示一下周总理，邓小平夫妇住在一起是否合适。"他用这个既具体又细微、一般人不当一回事的询问，来试探周总理的心意。

第一章 周总理的两个电话

1956年的邓小平

"邓小平到赣州去不合适。"程惠远星夜兼程回到南昌,第一时间拨通电话向总理汇报,总理听完汇报后说了这句话。他不假思索的果断语气像锤子一样落在了程惠远的心上。作为此事的第一经办人,程惠远对于两位领导的交锋心知肚明,此时他如芒在背,心里像打鼓一样,还要按捺住,凝神听周总理的意思。

周总理对于江西安排三位老干部的方案原则上同意,但是认为把邓小平安排到赣州不妥。赣州离南昌较远,交通不便,而且是山区,生活条件很差,邓小平是60多岁的人,得病了怎么办?

周总理敏锐地察觉到了程世清的试探,于是他在电话里提出了三个具体的要求:一是要安排在南昌附近,方便照顾;二是住处跟劳动的地方不要距离太远,远了派车不太好,步行太久或坐公共汽车也不大安全;三是住房安排,应当是一栋两层的楼房,楼上给邓小平夫妇居住,楼下给工作人员住,最好是独门独院,这样既能在院里活动,又能保证安全。

这三个条件一时让江西省委、省革委有些犯难,讨论来讨论去找不到合适的地方,算算时间,三五天内北京就要来人了,不如暂时搁置下来,等北京来人后再做决定。

山雨欲来风满楼,在这一特殊时期,周总理饱含深意和温暖的两个电话,拉开了邓小平谪居江西的序幕,也为邓小平到江西劳动尽其所能地清除了障碍,为接下来的日子奠定了良好的基础。

第二章

# 风起含秀轩

此时，周总理苦心经营的这一切，邓小平浑然不知。中南海含秀轩的院子里，邓小平正在俯身扫地。

十月的北京，秋意已浓，海棠、玉兰、樱花树的落叶飘了一地，往日总是热热闹闹的四合院里寂然无声。秋风一起，不管是低矮的草丛还是高大的树林，枝叶晃动，窸窸窣窣，一院声响里只有他毫不动摇，手执笤帚，一下一下扫着，将落叶与浮尘扫作一处。

邓小平素来以直率、自然的个性和果决、机敏、有效率的作风为人熟知。因为长期伏案工作，他的视力比年轻时差了很多，在阅读长篇文章或者重要会议讲话以及做报告时，必须戴上眼镜，他的听力开始衰退，右耳尤甚。不过总体来说他的健康状况不错，胜过大部分同龄人。

此时他有点费力地盯着地上的叶子，分辨出需扫除的垃圾，一下一下扫着，注意不扬起尘土。

他的脊背依然还是那么挺直，两年多的幽禁使他身体消瘦、面容憔悴，因不经常理发，著名的"小平头"长长了头发。虽然不像人们记忆里那样神采奕奕、精干利索，但是他深邃的眼神和微闭的嘴唇仍透露出不可撼动的坚毅意志。宋代文豪苏东坡曾说："天下有大勇者，卒然临之而不惊，无故加之而不怒。"大勇者，大风大浪过来人也，邓小平正是其一。

含秀轩位于中南海怀仁堂右侧，又被称为"三号院"，紧挨着"一号院"的李富春一家、"二号院"的谭震林一家和"四号院"的陈毅一家。正房悬挂着一块雅致的匾额，上书"含秀轩"三个大字。之前这里住着邓小平夫妇和他们的五个子女，还有邓小平的继母夏伯根，是一个大家庭。院子内外陈设简朴，却收拾得干干净净，邓小平的妻子卓琳性格外向、爱说爱笑，孩子们活泼开朗，院子里经常洋溢着欢乐的气氛。每次小平同志工作归来，一进院子就在家人们的围绕中放松下来。邓小平被打倒后，他的继母和子女们被强行驱赶出住所，只允许随身带些物品，小女儿毛毛（邓榕）和小儿子飞飞（邓质方）尚未成年，出去之后便不通消息。

孩子们活泼的笑声、邻居们亲切的话语仿佛还在耳边回响，如今都换作了"造反派"厉声的呵斥和狂热的叫嚣。

"老兄，你歇一歇吧，我来。"邓小平的夫人卓琳干完家务，走到院子里，伸手要去拿笤帚，和他换手。卓琳和邓小平相识于延安，她当过小学校长，曾任中共中央秘书处的机要秘书，后来受邓小平的牵连撤职在家。

邓小平直起身子，把笤帚往边上一杵："不用你，我活动活动。"

1967年7月，邓小平被限制了人身自由，实际上是被软禁在含秀轩，从此消失在大众视野里。他的名字也在全国报刊和大街小巷的大字报上被颠倒、抹黑或者打上红叉。

方寸小院，不能越雷池半步，两年多来邓小平和卓琳被幽禁在含秀轩，看不了文件，也不知道外头的信息。他既希望有人走进这个院子里来交流交流，又怕来的人戴着红袖套是来耍威风搞批斗的。

扫院子原本是"造反派"对卓琳的体罚，邓小平却时常抢过来做。他扫院子不但扫得认真，扫得仔细，还扫出了一种"一院不扫何以扫天下"的气势。一笤帚扫过去，看得见的尘土可去，落叶可去，只是这笼罩在中国大地的荫翳又该如何扫除呢？

含秀轩终日寂寂，保持着风暴眼里的沉静。15年间它看着邓小平意气风发，也看着他遭逢变故。

犹记得1952年，也是在7月，作为中共中央西南局第一书记的邓小平接到调令，携着肩头还未散尽的硝烟和成渝铁路竣工的喜悦，风尘仆仆地离开重庆，来到中央工作，担任政务院副总理，后来又兼任政务院财经委员会副主任和财政部部长，先后担任中共中央秘书长、组织部部长，国务院副总理，国防委员会副主席，中共中央政治局委员。

## 第二章　风起含秀轩

1956年党的八届一中全会上，邓小平当选为中共中央政治局常委、中共中央总书记，成为以毛泽东同志为核心的党的第一代中央领导集体的重要成员，是党的六位最高领导人之一。进京四年间，邓小平表现出来的活力、精力、效率，特别是对复杂事务的判断力和对政务工作的处理能力，博得了毛泽东、周恩来等党内同志的认可和赞赏。

此后10年间，邓小平主持中央书记处工作，全身心投入社会主义国家的建设中。他主持制定《教育部直属高等学校暂行工作条例（草案）》、"农业六十条"、"工业七十条"等，为探索适合我国情况的社会主义建设道路、为克服经济困难提出了许多正确主张，进行了卓有成效的工作。这十年，是中国共产党领导全国人民在社会主义经济建设和文化建设取得很大成就的十年，是大大小小的问题和挑战层出不穷的十年，是党中央带领全国人民艰辛探索的十年，也是邓小平人生中最繁忙的十年。作为党和国家重要决策的执行者之一，他宵衣旰食、呕心沥血，在含秀轩度过了无数个不眠之夜。

1957年邓小平陪同毛泽东访问莫斯科时，他以坚定的态度有理有据地反驳了当时苏联的大理论家苏斯洛夫，令毛泽东大为赞赏。会议结束时毛泽东指着邓小平专门向赫鲁晓夫介绍："你看到那边的那个小个子了吗？他非常聪明，有远大的前程。"还说："这个人既有原则性，又有灵活性。"

那时邓小平一直处在中央领导工作的第一线，工作连轴转，也有疲惫不堪的时候，但是他始终精神饱满、劲头十足，不管是走进

1957年，邓小平陪同毛泽东访问莫斯科

还是离开含秀轩，总是大步流星、追风赶月。

1966年"文化大革命"开始后不久，邓小平受到了错误批判，被戴上了"党内另一个最大的走资本主义道路的当权派"的帽子，撤销党内外一切职务。

8月5日，毛泽东写下了那张著名的大字报——《炮打司令部——我的一张大字报》，矛头直指刘少奇和邓小平。之后刘、邓被迅速打倒,林彪扶摇直上,取代了刘少奇,成为党中央唯一的副主席、毛主席的接班人。

不到半年的时间里,邓小平从中央重要领导人到被打倒、撤销党内外一切职务,几个月后被软禁在住所失去人身自由。继而,抄家、批斗,秘书和警卫员被撤离,亲人被强行遣散……一系列的事情犹如风暴席卷,一桩接着一桩,而更为可怕的是偶尔传到耳边来的消息,其他老同志比如刘少奇、陶铸等的动向和遭遇,让幽居的两位老人恻然之余,不由对在外的孩子更加担忧、牵挂。

1967年8月,"造反派"在酷暑中闯进含秀轩,押着邓小平和卓琳批斗。炎炎夏日,烈阳高照,"造反派"以暴力迫使已经63岁的邓小平低头弯腰,手臂后伸,高喊口号"打倒党内第二号走资本主义道路的当权派邓小平",厉声让他交代"罪行",闹了两个多小时才离开。

中央专案审查小组成立了"邓小平专案组",对他过往的所有经历进行反复搜寻核查,拿着放大镜找问题,想找出他"叛变自首"的蛛丝马迹,以便给他定罪。在"文化大革命"的社会背景下,领导干部如果只是犯了"路线"错误,还不会被彻底打倒,或者打倒了也容易"翻案"。可一旦查出了证据确凿的"历史问题",比如曾经当过叛徒、特务等,那就难以翻身了。

邓小平从参加革命以来不曾被捕,也不曾脱党,他自己开玩笑地说过:"我这个人很幸运,打仗没有受过伤,做地下工作没有被捕过。""专案组"花了一年半的时间,走访了十多个省、市、自治区,鸡蛋里挑骨头，也没有找到所谓的"罪证"。

"专案组"无法交差，只能从邓小平早期在法国留学时的资料下手。因存留资料少，无法证明邓小平入团、入党以及转党的问题，他们便在这里面大做文章。结果材料递交到周总理那里批阅时，周总理亲自批注："邓小平是在留法勤工俭学时入团、转党的，我和李富春、蔡畅同志均知道此事。"

然而有周总理证明也无济于事，"造反派"把邓小平视为夺权路上的"拦门虎"和"眼中钉"，不把他彻底打倒誓不罢休。"邓小平专案组"绞尽脑汁，炮制出一份长达一万五千余字的报告提交给党中央，题为《党内另一个最大的走资本主义道路的当权派邓小平的主要罪行》，对邓小平进行可耻的污蔑和攻击。

庆幸的是，毛主席认定邓小平是个不可多得的人才，坚持保留他的党籍，并数次在重要关头为他表态说情。在1968年10月召开的中共扩大的八届十二中全会上，毛主席为邓小平讲话："邓小平这个人，我总是替他说一点话，就是鉴于他在抗日战争跟解放战争中间都是打了敌人的，又没有查出他的别的历史问题来。""邓小平，大家要开除他，我对这一点还有一点保留。"

邓小平为什么会得到毛泽东的特殊对待，学者们观点不一，难有定论。不如先简略了解邓小平其人。

1904年，邓小平出生于四川省广安县协兴乡牌坊村一户家道中落的小士绅家庭。邓小平一出生取名为邓先圣，5岁进私塾读书

1924年旅法共产主义小组成员合影（前排左四为周恩来，后排右三为邓小平）

后，老师为他改名邓希贤。他从小聪慧好学，目睹国家处于半殖民地半封建社会的黑暗之中，遭受着帝国主义列强的欺凌和封建统治的压迫，16岁的他抱着救国图存之志，在社会动荡、风雨飘摇之际，远赴法国求学，期望学得一技之长以报效祖国。他在法国勤工俭学，受尽磨难，接受马克思主义后毅然投身革命，不满20岁就加入旅欧中国共产主义青年团并转为中国共产党员，从此开始了矢志不渝、光辉奋斗的一生。

青年时期的邓小平开朗乐观，爱说爱笑爱逗乐，富有感染力，外号"小钢炮"。饱受战斗洗礼后，他性格变得沉默内敛，成了"柔中寓刚，绵里藏针"的"钢铁公司"。

北伐战争期间，邓小平从苏联回国。大革命失败后，他在上海极端险恶的环境下从事地下工作，在广西领导发动百色起义和龙州起义，创立左右江革命根据地。年轻的邓小平满怀救国的热情，在战斗中锤炼出坚毅顽强的性格意志和果断直接、敢于担当的行事作风。他参加艰苦卓绝的长征，亲历标志着党的历史伟大转折的遵义会议。

抗日战争和解放战争期间，他坚决执行党中央和毛泽东同志的战略决策，军政兼任、勇挑重担、不畏艰险、出奇制胜，一直处在战略全局的关键位置，处在对敌斗争的最前线。特别是同刘伯承等同志一起，开辟晋冀鲁豫抗日根据地，率部千里跃进大别山，组织实施淮海战役和渡江战役，进军解放大西南，建立了赫赫战功。作为开国元勋，邓小平在1949年10月1日中华人民共和国成立时登上了天安门城楼，那年他45岁。

在毛主席和大多数老干部看来，邓小平为人公道，敢说实话，胆大心细，既有原则性，又有灵活性，是党内一个难得的领导人才。

即使遭受到了偌大的打击和极不公正的待遇，这位老一辈无产阶级革命家仍然没有丧失信心和信念，他争取一切机会向毛主席写信报告思想情况，向组织剖白心迹，并通过各种方法，为"文化大革命"中不甘受辱跳楼造成高位瘫痪的儿子邓朴方争取到了治病的机会。

1949年2月11日,中央军委决定,由刘伯承、陈毅、邓小平、粟裕、谭震林组成总前委,统一指挥渡江战役,邓小平任书记

"造反派"让他写检查自我批判,邓小平没有推拒辩解,他坐在含秀轩里仔细回忆这些年的风云,用15天时间认认真真地写下长达两万六千五百多字的《我的自述》,以较为客观的文字实事求是地回答别人对他的疑问和责难,不谈功劳,只谈事实,多谈错误。

邓小平以六十多年的阅历和对政治斗争复杂性的认识,敏锐地嗅出这一危难时刻中隐藏的一线机会——这一份自我检讨的材料最后有可能会送到毛主席的面前。邓小平在最后诚恳地写道:

> 我的最大的希望是能够留在党内,做一个普通党员。如果可能的话,请党分配给我一个小小的工作,或参加力所能及的劳动,给我以补过自新的机会。

多么朴素又恳切的话语,充满了一个共产党人鞠躬尽瘁、死而后已的奉献精神。这不能不让毛主席有所触动,并让他在之后的所有政治斗争中始终保留邓小平的党籍,保护这颗闪耀着光辉的初心。

含秀轩里,邓小平扫完院子,放好笤帚,准备进房间坐下来读读书。院外响起脚步声,他往外一看,深得毛主席信任的中央办公厅主任汪东兴带着副主任王良恩匆匆走进来。

"中央做出决定,为了备战,老同志们要疏散到下面去。"汪东兴进门后来不及坐下喝茶,就开门见山向他们传达中央的紧急决定。

卓琳一听，急忙看了一眼邓小平，邓小平没有说话，也没有看她，安静地等着汪东兴往下说。

"你们也要下去。"汪东兴说，"主席的意思，让你们到江西去，向群众学习，也参加劳动锻炼。"汪东兴告诉他们时间很紧迫，只有三五天时间准备。

两年多来邓小平在含秀轩里不参与任何工作，与世隔绝，对他来说这个通知来得非常突然，而且中间含有巨大的信息量：为什么突然要备战？为什么要把自己安排到江西去？汪东兴没有充足的时间向邓小平解释。

作为党曾经的军政重要指挥官，邓小平没有多问，也没有抗拒。他以一贯的沉着态度接受了这个命令，只在家庭方面有一点顾虑。邓小平的继母夏伯根快70岁了，是穷苦渔民出身，没有文化不识字，无法谋生，在被"造反派"撵出中南海之前一直跟着邓小平一家，这次到江西去不知道什么时候回来，邓小平想把她也带上一同前往江西，彼此好有个照应。这个要求合情合理，汪东兴当即就答应了。

"以前主席对我说过，有事可以找你，"谈话结束时，一直沉默的邓小平问了汪东兴一个问题，"到江西以后可不可以给你写信？"

汪东兴给出了肯定的回答。

这是一个极其珍贵的信号，也可以说是邓小平和毛主席之间的默契——表明了邓小平即使离开中央，也能和毛主席保持联系。

邓小平默默送别了汪东兴等人,拍了拍满眼焦急的妻子卓琳的手,开始打量着居住了15年的含秀轩,特别是书房里满架的书卷。

事不容迟,他们离京前有许多事务要处理。中央要求疏散外地的老干部们在离京前清理家中文件,全部上缴;离京以后,凡是绝密文件一律不发;各人参加所在地工厂、农村的"斗、批、改"运动;不准随便同别的老同志接触;不经中央批准,暂不允许重返北京。这些要求必须严格遵守,不能打折扣。

出发在即而归期未定,时间急迫,该带哪些行李?这一去江西什么时候能回来,甚至还能不能回来?去了江西,等待着他的又会是什么?前路不明,邓小平只能暂时抛开繁杂的忧虑、疑问和考量,开始打理行装。这是他四十多年战场生涯培养出来的习惯:迅速抛弃不必要的辎重,接受即将到来的挑战,并沉着应对。

窗外一阵秋风吹过,树叶簌簌飘落。一叶落而知秋,秋天之后紧跟着的是漫漫寒冬。但是邓小平抬头看了看天,面色沉静,冬天总会过去,春天也一定会到来。

## 第三章
## "将军楼"的神秘来客

# 小平小道 XIAOPING XIAODAO

1969年10月22日是一个阴霾天,初升的太阳怎么也刺不破厚厚的云层,晨光昏暗。北京沙河机场上停着一架机号为3287的老式伊尔-14型军用飞机,正孤零零地等待乘客的到来。

邓小平一家天没亮就起来准备了,夫妻俩收拾好衣物、日用品,还有几大箱书籍,都要带到江西去。经过组织批准,继母夏伯根跟着他们去江西,大女儿邓林被叫回来帮忙装东西送到机场。此时,邓家大儿子邓朴方因瘫痪在医院救治,二女儿邓楠跟着学校疏散到北京的郊区,小儿子邓质方和小女儿邓榕被时代的浪潮冲击到了山西和陕北的农村插队。一家人流离分散,不知道什么时候才能相聚。

一辆简陋的吉普车把这家人送到了机场,沿途窗帘拉得严严实实,也好,免得让邓小平看见大街小巷上自己被打倒的标语口号。只是看不到这些,他的心情也是沉甸甸的。看着年近30岁了还没有对象又向来体弱的女儿忙前忙后,他心中五味杂陈,只能把关心和爱语藏在心底。出了家门就不允许交谈,妻子卓琳、女儿邓林和年迈的继母夏伯根相顾无言,默默垂泪,邓小平依旧沉默。在他的沉默里,悲愤、伤感都难以泛起波澜。

上飞机的时候发生了一个小事件。机组人员提出因为飞机载重的问题,只能带走部分行李,其他行李主要是装书的几个大箱子,不让上飞机。原因真的是载重不足吗?伊尔-14型飞机的载重在20人左右,这天的乘客除了邓小平夫妇和夏伯根外,只有负责押送的"邓小平专案组"组长和一名工作人员。

然而没有办法,他们只能根据要求把这些箱子留下,三人登上飞机,朝江西南昌飞去。

对于江西,邓小平并不陌生,这个打响武装反抗国民党反动派第一枪的地方,也曾是他出生入死、挥洒血与汗的疆场。

第一次踏足江西的红土地还是38年前。那时邓小平在广西百色领导武装起义,搞得如火如荼,却因党内"左"倾教条主义的错误损失惨重。他听说江西的朱德和毛泽东开辟了农村革命根据地,便毅然率领部队向江西进发,于1931年春天进入赣南的崇义县。从此他投身轰轰烈烈的革命根据地建设,出任"红色之都"瑞金县的县委书记,承办中华苏维埃第一次全国代表大会,担任会昌中心县委书记、江西省委宣传部长。

也是在江西,他尝到了革命生涯第一次起落的苦涩:因为坚决支持毛泽东主张"反对本本主义,从中国革命实际出发"的正确路线，被当时推行"左"倾教条主义错误路线的临时中央撤销职务，受到党内"最后严重警告"处分，被派到乐安县南村去当区委巡视员，其实就是到乡村劳动改造，经常饿肚子，妻子金维映也和他离婚了。

那时邓小平29岁，将近而立，却遭受到政治和家庭的双重打击。这个后来被西方媒体称为"打不倒的东方小个子"的人，年纪不大但是经历丰富，已经初具"打不倒"的精神。不管是被关起来审查写检讨，还是在乡下做苦力，都没有动摇信念，也没有就此消沉。在同志们的帮助下脱离困境后，他主动请缨办报纸，担任《红星》报主编，身兼撰稿、编辑、校对、版面设计等多职，把报纸办得有声有色、丰富多彩。

《红星》平均5天出一期，每期近万字，邓小平经常加班加点。办报一年多，他不仅没有耽误过一次《红星》的出刊，还约到了朱德、周恩来、彭德怀、聂荣臻、陈毅、陈云、王稼祥、罗迈、李富春等人写文章和社论，质量水平很高。邓小平办报纸驾轻就熟，早在法国勤工俭学时期，他就担任过旅欧中国共产主义青年团机关刊物《赤光》的编辑，一笔一画刻印书稿，该刊书写工整美观、印刷清晰、装订简雅，因此邓小平被同志们封了一个"油印博士"的雅号。

《红星》在邓小平手上出刊70多期，被称为"党和红军工作的指导员"，受到苏区军民的欢迎，还发展出一支500多人的通讯员队伍，即使在长征途中也没有停刊。长征路上，邓小平挎包里装着《红星》"编辑部"，担子里挑着蜡纸油墨赶路，一边以超强的乐观

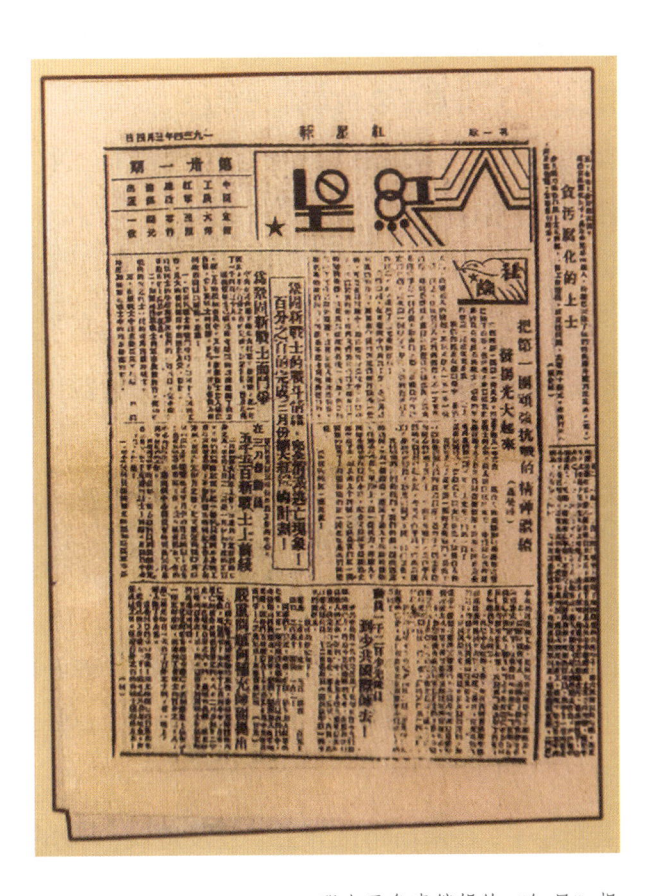

邓小平负责编辑的《红星》报

主义精神开"牛皮公司"和大家"精神会餐"（长征途中缺少粮食，他在军队精神疲劳时和大家聊各地美食逗乐，"画饼充饥"，消除疲劳），一边坚持办报出刊，一直到遵义会议前复出担任中共中央秘书长，才告别《红星》，开启了新的革命征程。

往事如烟弹指间，一转眼已是三十多年过去了。邓小平没想到再一次到江西，竟遭逢人生的第二次起落。

"邓小平同志，毛主席叫你来江西，我们非常欢迎。"当飞机穿过云层，降落在南昌向塘机场，在这里等候的程惠远握住邓小平的手，微笑着向他问候。

出人意料的一声"同志"，一个握手，一个微笑，让邓小平心里涌起了一股暖流。他还不知道周总理背后为他做的许多安排，这一刻他感受到的是江西人民对他释放出的善意。

十月的南昌，依然热度十足，邓小平站在了这片曾经出生入死的红色土地上，感受到了南方与北京不同的温度，绷得紧紧的心也不禁开始松动。

车子接上邓小平，往南昌市区开去。还没进城，邓小平就看到大街小巷到处是重重叠叠的标语、大字报，自己的名字上画着大大的红叉。江西并不是世外之地，相反，这里的硝烟味道浓得很，他默默地看着，嘴角不禁抿紧。

邓小平一家被安排暂时住在滨江招待所，等待"邓小平专案组"成员在南昌寻找到符合要求的劳动场所和住所。江西省革委会副主任、省军区司令员杨栋梁也来这里见邓小平,对他进行"训话",让他好好接受劳动改造,也算一种另类的"欢迎"。

招待所滨江而建,紧邻着江西最大的河流赣江,是一座园林式的宾馆。邓小平在招待所里等安排,没有书看也没有广播听,吃过晚饭他就在招待所内的池塘边散步。

不料他一露面,就被招待所里其他的客人发现了。

"你看你看,那好像是邓小平!"

"邓小平怎么到江西来了?"

他们小声议论着,又有人去向招待所打听。这个情况很快被报告到了省军区,立马就有人来训斥邓小平夫妇:"老实一点,不要随意行动。"

过了三天,"专案组"看好了地方,并报北京批准,他们此行的任务就算基本完成了。临回北京时,他们和邓小平进行了一次谈话。

说起来也算咄咄怪事,"邓小平专案组"成立了一年多,撰写邓小平"罪证"的材料不计其数,却还是第一次和邓小平谈话。在来江西之前,他们甚至没有见过邓小平。

这是一个只有十分钟左右的简短谈话,"专案组"的人通告完邓小平一家在江西的具体情况安排,问邓小平有没有什么要求让他们回北京反映。这也是谈话必备的套话了,邓小平从一个国家重要领导人沦落为劳动改造的对象,一路上沉默不言,想必是灰心丧气，还能提什么要求呢？

没想到邓小平提的"要求"让他们大为震惊。

邓小平说："我同意中央对我的安排。我到江西来了，但我还会出来工作，我还能为党工作10年。"

短短的几句话透露出巨大的信息量，一个成为监管对象的人还想着工作，真可谓"不鸣则已，一鸣惊人"。邓小平说完后，"专案组"成员面面相觑，不知如何回答。他们万万没想到邓小平沦落至此还壮心不已，在他的沉默背后居然奔涌着如此炽热的为国奉献的热潮。

10月26日下午，一辆卡车装着行李，一辆小车载着邓小平一家，离开招待所，前往为他们安排好的住所。

车子沿着赣江一路飞驰，接着驶上八一大桥，跨过滔滔北流的赣江，向南昌市郊外的新建县而去。

行程的终点是位于新建县望城岗的原福州军区（当时江西省军区是福州军区的下属军区）南昌步兵学校。望城岗位于丘陵地带，地势较高，站在山顶可望见南昌城的轮廓，以此得名。民国时期，江西省的最高学府旧中正大学曾迁建于此。1968年步兵学校撤销，留下偌大的校园，大部分办公楼、校舍空置。校园的山坡上有一幢校长和政委住过的楼房，曾担任过8年校长的徐光友少将也曾住过，该楼被当地人称为"将军楼"。徐少将调离南昌，空置的"将军楼"就成为邓小平在江西的住处。距离步兵学校约一公里处是新建县拖拉机修造厂，可以作为邓小平夫妇的劳动场所，这个安排完全符合周总理的要求。

车子进入步兵学校，一条红壤砂石路蜿蜒伸向校园深处，道路两旁高大的梧桐树蔽日遮天，平添几分幽深。偌大的校园空寂无人，绕过学校办公楼，在后侧山丘上，一幢带小院的独立楼房露出屋顶。

这是一幢建于20世纪50年代的两层楼房，典型的仿苏式建筑，砖木结构，青灰色的砖瓦素净清冷，高过人头的冬青树环绕，内夹竹篱，掩映着院墙，建筑面积约440平方米。院中有竹林、桂花、山茶等花木，浓荫满地。

这就是邓小平一家即将入住的"将军楼"。这原本是一处幽静怡人的所在，只是许久无人打理，院内杂草丛生。

一下车看到这样的环境，卓琳的心里一宽——看来在江西的情况还不算糟糕。

跟着邓小平一家留下来的还有两个人。一个是江西省革委会派来的军区干部黄文华，30岁出头，原是吉安军分区政治部宣传科的干事，也是省军区举办的"梅岭学习班"（"文化大革命"初期清理阶级队伍学习班）教员，负责监管邓小平一家日常生活以及工厂劳动的事务。另一个是朴实憨厚的战士贺福柱，负责买菜等需要外出的差事，也帮忙给黄文华洗衣打扫。

小楼一进门是空旷的中厅，木制的楼梯通往二楼，每层楼有四间起居室，厨房和饭厅在一楼。按照安排，邓小平夫妇和夏伯根住

邓小平居住过的"将军楼"

在二楼，夫妻俩住一个套间，卧室外有一个会客室。黄文华住在邓小平夫妇楼下的房间，室内装有一部电话，发生任何情况可立即向上报告。战士小贺住在黄干事的左侧对面，两人不和邓小平一家一起吃饭，而是在驻扎步兵学校的一个炮兵食堂里解决。

搬行李、打扫、安床铺，等三位老人收拾安置好已是深夜。这里没有准备晚饭，黄干事和小贺到炮兵食堂里买来馒头，大家煮了鸡蛋汤，分着吃了。

凌晨，小楼的灯光熄灭了，望城岗笼罩在寂静之中，偶尔能听到树林深处传来几声泣露般的蛩鸣。江西气候潮湿，和北京有很大差别，床铺被褥也带着潮气，一夜劳累，楼里的几人却难安睡。住进"将军楼"，不知道要在这里住多久，也不知道还会遇上什么事情。

送邓小平到江西的"专案组"工作人员回京后，写了份报告，摘录如下：

> 22日送邓小平、卓琳、夏伯根去江西，今日（28日）归来。邓押于南昌西北十三公里处，原步兵学校，现是五七干校，XX军XX师炮团和原步兵学校留守处住。由省革委会管，派炮团一个班12人监管，单住一小楼上，下住一个干事和一战士管他。平日劳动，仍用邓小平名。

重重看守，从含秀轩到"将军楼"，邓小平实际还是被禁闭在方寸之间。"押""监管""劳动"，从这样的遣词用句中，邓小平所处的政治环境的险恶可见一斑。江西省革委会也规定邓小平除到工厂劳动之外，不能随意外出，连住所的小院子也不能随便出去；不许随意和外人接触；子女来探视，须先征得江西省革委会的同意。作为监管干事，黄文华对邓小平一家的生活、工作、学习、思想动向等情况，事无巨细地进行监视和干涉，并每月写成书面报告进行汇报，每三个月、六个月对情况进行综合报告，以便前后印证、不出偏差。

不久，程世清到步兵学校来看他们，离开的时候，随同前来的陈昌奉看到门口站岗的哨兵，心里一梗，眉头发皱。他下令撤掉了门口的站岗，改成坐岗，命哨兵在暗处执勤，并且表示"不要把气氛弄得太紧张"，在不违反原则的前提下，至少让邓小平在眼睛看得到的地方心里放松些。

禁闭中的日子怎么过，三人自己定了章程。他们请战士小贺买来锅碗瓢盆和柴米油盐酱醋茶等生活物资，做好了在这里长期生活的打算。加起来快两百岁的三人中，年纪最大的是继母夏伯根，她是邓小平父亲的第四任妻子，是四川嘉陵江上的一个船工的女儿，早年丧夫后，带着女儿嫁进邓家，为人善良勤快，善于操持家务，新中国成立以后跟着邓小平一家生活，快70岁了，身体还算硬朗，主管生火、做饭的厨房事务。53岁的卓琳是三人中年纪最小的，身体却最弱，患有心脏病和高血压，高血压严重时低压一百一十六，高压一百八十多，上楼都费劲，只能做些扫地、擦桌、洗衣、缝纫的活计。

论年纪邓小平也已65岁了，此时却是家里的顶梁柱，劈柴、砸煤块、拖地板等力气活都归他，偶尔烧烧菜，卓琳患病了还要端水端饭照顾她。三个人有商有量，互相照顾，没人说丧气话，把小院子里的禁闭生活过得有滋有味。

白天的生活安排好了，夜晚则十分难熬。睡前看书是邓小平多年的习惯了，这次到江西书没能带来，让邓小平和卓琳难以适应。

"将军楼"院内的柴房,当年邓小平负责劈柴、砸煤块等重体力活

霜降以后,天黑得越来越早,长夜漫漫,无可消遣。眼睛一闭上,就想到远在北京瘫痪的大儿子是否得到良好的医治,分散在陕北和山西的小女儿和小儿子情况怎么样,转而想到被打倒的老战友们不知境况如何,这场席卷全国的政治浪潮何时结束,它会把初生的中国带向何方……

一个一个的念头接踵而至,如浪潮般拍打着邓小平的脑神经,担心和忧虑,个人的命运与国家的前途交织,一个家庭的磨难与普罗大众的痛苦交融,耿耿长夜他迟迟无法入眠。失眠是邓小平的老毛病了,任总书记时千头万绪系于一身,人躺在床上还牵挂着国事,难以安枕,时常需要安眠药助眠。他请黄文华帮忙到医院开药,每晚服苯巴比妥一片、速可眠一片、眠尔通一片、非那根两片,午休服两片眠尔通。卓琳也有失眠症,午休和夜寝需要服用安眠药,但剂量比邓小平轻。

两个人一天加起来十多片药,这么大的剂量让黄文华很不放心,担心出意外。他听说过很多老领导在变故后不堪受辱自尽的事,万一这些药品被攒起来一次吃下,后果十分严重。想来想去,他要求药片由自己保管,服药的时候按顿领取,并且要当他的面咽下后才能离开。

不管怎么说,邓小平一家总算安顿下来了。既然党中央让自己下来劳动锻炼,安排好了生活,邓小平就主动提出来要早点参加劳动。

第四章
# 拖拉机厂的新工人

当邓小平一家在"将军楼"里安排家务，适应当地生活，进行缓冲时，与"将军楼"相隔约一公里的新建县拖拉机修造厂正在组织工人紧张快速地进行大扫除。

新建县拖拉机修造厂始建于1958年，当时叫作"新建县拖拉机站"，只是一个小小的农机站。1968年工厂扩建，把南昌农机总站和郊区农机修理厂合并过来，更名为"国营新建县拖拉机修配厂"，到了1972年再次更名为"国营新建县拖拉机修造厂"。为了方便称呼，大家都管它叫"拖拉机修造厂"。厂子并不大，有80多名工人，是一个以加工和修理农机配件为主的中型修造厂。

新建县拖拉机修造厂革委会主任兼党支部书记罗朋，个头不高，瘦削的脸庞，高高的颧骨，性格刚正不阿，是一个有思想有魄力的干部。他曾任公安部四局副局长，1959年因为对"大跃进"、人民公社吃"大锅饭"等政策发表过不同意见，被划为"右倾机会主义分子"，下放到青海省劳动，三年后被调到江西蚕桑垦殖场任

第四章　拖拉机厂的新工人

1969年10月至1973年2月，邓小平工作过的新建县拖拉机修造厂

党委书记。"文化大革命"开始后，又被当成"走资派"打倒，几经辗转，在1969年初来到了拖拉机修造厂。

这天罗朋正在厂里工作，突然接到通知，江西省革委会副主任、军区副司令员陈昌奉和省革委会办公室主任程惠远到厂里来了。他来不及想太多，赶紧停下手头上的事，把两位领导请到待客室。

没有寒暄客套，陈昌奉一坐下就把来意直接给罗朋交了底："老罗同志，我们今天来，是有一个非常重要的任务要交给你。"

罗朋一下就绷紧了神经，他没有开口提问，只紧紧盯着陈副司令员，等着任务的具体内容。

陈昌奉接着说："邓小平到江西来了，中央让他下来蹲点劳动，他的情况我想你也清楚，身份很敏感。经过省革委会研究决定，把他安排到你们厂里劳动，住在步兵学校里面。省委、县委那边我们会协调好，现在是你们厂里要落实好。"

邓小平要到江西来，而且要到自己厂里来劳动！这个消息像惊雷一样在罗朋的脑中炸开，饶是久经风波的他也不禁露出了惊讶的神色。

陈昌奉一直观察着罗朋的反应，适时停顿了几秒，给罗朋消化信息的时间。

罗朋反应过来后，赶紧示意领导接着往下说。现在他最关心的是任务的要求和细节。

陈昌奉以不容拒绝的语气告诉罗朋："你们的任务很重，邓小平到你们厂里来，第一要确保安全。不是百分之九十九的安全，是百分之百的安全。一旦他在厂里出了事，唯你是问，你是第一责任人。"

罗朋心下一沉，他没有马上表态，只是默默地捏了捏笔身，用心记录任务的具体要求。

"第二是邓小平的劳动问题。你们安排他适当地进行劳动，每天三四个小时，不要太重了。劳动内容你做主就可以。第三是态度问题。如何对待他，中央没有做决定，你们慎重对待，比如这个称呼呢，既不叫同志，也不叫名字，就叫他老邓。"陈昌奉和程惠远交流了一下眼神，感觉事情已经交代得差不多了。

程惠远怕罗朋压力太大，口气比较和缓："邓小平在国内、国际上都有影响力，毛主席、党中央信任我们才把他放到江西来。他在厂区之外有外勤人员负责，你们就负责他的劳动。"

陈昌奉接着强调："他到你们厂里的事情要保密，工人可以知道，但对家属要保密。不要让'造反派'揪斗他，你要警惕有人冲厂，一定要保证他的安全。有什么事情，直接到保卫部来找我。"

罗朋一一记录下来，并且承诺一定完成任务。

陈昌奉一行人交代完任务就匆匆走了，继续赶往下一个地方布置工作。罗朋送走他们之后，把自己关在办公室里好好消化了这个重磅消息。

罗朋对邓小平太熟悉了。抗战时期罗朋曾任晋冀鲁豫军区政治部宣传部教育科的副科长，是邓小平麾下的一名普通干部。作为宣传口的干部，他多次在现场听邓小平做报告，邓小平敲亮干脆的声音、饱含智慧的话语，以及过人的风度和魄力给他留下了不可磨灭的印象。他衷心地敬仰这位老领导，对于邓小平落难江西的处境更是能够感同身受，自己不也是十年间几经波折，从北京下放到遥远的青海，又到了江西吗？同是天涯沦落人，他心中充满万千感慨，没想到自己居然会再次见到这位尊敬的老领导，还能为保护他尽自己的一份心力。

想着想着，罗朋从压力中迸发出了强大的动力。一定要保护好邓小平，而且要赶快行动。邓小平已经到江西了，也许过不了几天他就会到厂里来，一定要赶在他到来之前清除掉一切不利因素。他马上拿出本子，一边思考一边拟出了方案。

罗朋是广东人，造船工人出身，当过宣传干部，也干过公安，深谙保卫工作和舆论工作的要义。或许是天意巧合，他真是保护邓小平的不二人选。

罗朋当天召开班子会议，传达上级任务，统一大家的思想。第二天紧急召开全厂职工大会，宣布了邓小平要到厂里参加劳动的消息，并严令消息保密，跟老婆孩子也不能说，有人打听一律说不知道，谁传出去就处理谁。

罗朋1969年春天调到新建县拖拉机修造厂，工作还不满一年，对于厂里的情况没有十足的把握。特别是厂里的人事关系有点复杂，有一部分是郊区农机修理厂合并过来的职工，还有一部分是南昌农机总站的清退人员，他们过来一年多，和原农机站的职工彼此还处在磨合期。原本这三方的关系要慢慢理顺，但是任务当前，没有时间慢慢来，非常时期必须采取非常手段。

对邓小平的到来他思虑周全，做好了细致的部署。首先是成立一支保卫小组，选出一批忠诚可靠的老党员担任成员。接着，罗朋发动全厂职工进行大扫除，名义上是整顿厂容，实际上是对厂内乌烟瘴气的"造反"气氛的一次清理，把厂内所有"打倒邓小平"的标语、大字报全部洗刷掉，有些油漆刷上去的洗不掉，就用石灰水进行清除。他要用这样一种方式，给即将到来的邓小平营造一个相对干净的环境，也对工人们形成心理暗示：保护邓小平，是厂里的首要任务。

和其他地方一样，拖拉机修造厂里也有"造反派"，也有几个"文化大革命"以来靠"造反"、开批斗会和写大字报找存在感的人。巧的是，厂里最挑事的"造反派"头子前不久惹了祸，罗朋借机把他调离新建县，拔掉了这颗钉子，清除了隐患。挑事的一走，剩下来的一些人打散进不同的车间，排好班次，工厂的风气焕然一新。

11月9日早上8点，身穿洗得有点褪色的蓝布工装，袖口扎着松紧带，脚着绿色胶鞋的邓小平夫妇一副工人模样，跟着监管干部黄文华走出"将军楼"的小院。

他们走过了南昌步兵学校沙沙作响的砂石路，走上了新建县的街头，沿着马路向拖拉机修造厂走去。沿途经过熙熙攘攘的长途汽车站、热热闹闹的菜市场，江西城乡鲜活的烟火气息让"禁闭"了近三年的邓小平和卓琳感到一种久违的亲切，心情也随之放松。然而街巷墙面上还挂着"打倒邓小平"等字样的横幅，又让两人触目惊心。

走了约四十分钟才进入拖拉机修造厂的大门，罗朋带着保卫组的党员们已经在门口等着了。

"老邓，您好，欢迎你们到厂里参加劳动。"看着鬓角染霜、面容憔悴，与记忆里大相径庭的邓小平，罗朋心情十分复杂。但是他什么也不能说，只能热情地上前握手，一边招呼他们在厂里转一转

047

熟悉熟悉环境，一边介绍厂里的情况。

  邓小平自然没认出这位二十多年前的宣传干事，他默默听着罗朋的介绍，细细打量这个将要天天干活的工厂。工厂不大，一眼就能望到头，樟树大道两边是砂浆石灰底的车间，墙面上用黑漆刷着"抓革命、促生产""高举毛泽东思想伟大旗帜""有条件要上，没有条件创造条件也要上"等标语，空气里充满了机油和金属零配件的味道。进厂以后再没看见一条"打倒邓小平"的条幅和标语，"文化大革命"时期特有的那种紧张气息和硝烟味道竟在这里消散

新建县拖拉机修造厂宿舍

无踪。

"罗厂长,厂里有红卫兵吗?"等罗朋的介绍告一段落,邓小平状似不经意地问。

罗朋立马懂了昔日老领导话里的意思,他回答道:"我们厂里都是老工人,一心搞生产,没有红卫兵。您放心。"

邓小平听着罗朋这句话大有深意,不禁看了他一眼。从见面以来,这位罗主任未免太过热情了。罗朋被这一眼看得心里一热,他真想大声告诉邓小平:小平同志,您放心,我一定会保护好您。他瞅着监管干部黄干事在一边看拖拉机配件,倾身贴近邓小平,轻声说:"我在晋冀鲁豫军区工作过。"

听了这句话,再加上罗朋的态度,邓小平还有什么明白不了的呢?他轻轻点了点头,不作声了。

罗朋把邓小平夫妇送到修理车间门口,叫来车间的负责人陶端缙。陶端缙30岁出头,江西本地人,性格直爽,为人厚道,待人和气,还是厂党支部委员,深得罗朋信任。几天前他就安排好了邓小平夫妇到陶端缙负责的修理车间劳动,交代陶端缙一定要时时关照邓小平和卓琳。

"陶排长,过来,我介绍一下,这是老邓和老卓,这位是省军区的领导黄干事。老邓和老卓从今天开始到你们车间劳动,你把工作分配好,我就把他们交给你了。"当时工厂按部队的连、排编制,车间主任一般称为排长。罗朋不可能一直跟着邓小平,他把两人介绍给陶端缙后,就要离开了。临走时,他又告诉邓小平,自己的办公室对面已经准备了一间有写字桌、有床的房间，要是干活累了，可以过去休息。

陶端缙是个本分人，从几天前接到任务开始他就琢磨，这么大的领导到自己手下做事，现在又是被打倒的人，年纪也大，让他干点什么好呢？他一边拿棉纱擦着手上的油污，一边带着邓小平三人进到车间里。

修理车间宽敞明亮，东西长42.5米，南北宽12.6米，挑高7.3米，砖木结构，人字形木架梁，共12开间，每开间的南北墙上都开了较大的采光窗。工人们的工作台都挨着窗户，一眼看过去没有人说话打岔，都在忙着手头上的事。

陶排长介绍说："我们这个车间有4个班，其中3个修理班，1个电工班。喏，电工班就在进门这档口，女工人多，老卓就到电工班吧。"

卓琳点点头。陶排长叫来一个年轻的女工人："红杏，过来，这是老卓，以后你带着她劳动，拆洗拆洗线圈，先让她习惯习惯，不行再换。"

"好嘞，交给我吧。"女工人程红杏嗓音清脆，性格活泼，讨人喜欢，陶排长早就交代了让她当卓琳的"师父"，她热情地把卓琳引过去了。

陶端缙从看到邓小平起心里就有点没底，60多岁的人了，面色苍白，精神头也不大好，体力活肯定干不了。他盘算着，修理车

第四章 拖拉机厂的新工人

卓琳工作台

间都是技术活,邓小平以前虽然打过仗,但是没当过工人,又是大领导,身体这么差,能派的活不多。

他商量着和邓小平说:"老邓,根据厂里的安排,我要给你派活。你先试试清洗零件,看吃力不吃力。现在天气开始冷了,不行你要说,我们就换一个。"清洗零件没什么技术含量,可以算是车间里的轻活了。

邓小平点点头,卷起袖子就干。他蹲在盆边,认认真真用柴油洗起了零件。陶端缙拖来一把椅子,放在他边上,叮嘱他累了就坐着歇一歇。

过了大约半小时,陶端缙忙完一阵,放心不下邓小平,悄悄看他干得怎么样。这一看不要紧,眼前的景象让他懊恼不已。

原来清洗零件要一直蹲着,邓小平年纪大了,腿脚不好,又有腿病,蹲久了腿发麻,手也抖,零件上沾着油,拿在手上直打滑。邓小平紧紧抿着嘴巴,还一再坚持,两眼发花。他用手去够椅子,想扶着椅子站起来休息一下,却使不上力。

陶端缙赶紧过去扶起邓小平,心里直埋怨自己太粗心,老人不可久蹲,怎么能让他洗零件呢。再看看邓小平的手,他可能机油过敏,露出来的胳膊上起了红疙瘩。邓小平脸上一点责怪的意思都没有,也不叫苦,让老陶不禁惭愧里又涌上了一股敬意。

等邓小平歇了一气,陶端缙给他换了个工作,让他看着图纸描线。这个活儿可以坐着干,不用蹲着。邓小平还是点点头,安排他做什么他就做什么,没有意见。

过了一段时间,老陶起身去看看邓小平工作适不适应。发现他虽然干得很专注,但一脸严肃,时不时皱着眉头凑近图纸。

"陶排长,你看是不是给换个活儿。老邓估计眼神不太好,描线是个精细活,他做这个有点打蛮(吃力)哦。"修理车间的副主任涂宗礼也在暗地里关注邓小平,他看出来邓小平不愿意给大伙儿添麻烦,就把陶端缙叫到一边商量。

第四章 拖拉机厂的新工人

陶端缙一想，确实是这么回事，都怪自己想当然，派活只往省不省力上靠，没有考虑邓小平的实际情况，应该先问一问他能干什么活。

"老邓啊，歇一歇。"陶端缙走过去轻轻拍了拍桌子，"这个活儿怎么样，图纸看得清楚吗？"

"线有点细，看不太清楚。"邓小平实事求是地说。

"那再换一换。我这里的活都是体力活，不知道你吃不吃得消。"陶端缙有点为难。

邓小平的工作台，陈列着他用过的工具

053

邓小平却点点头："干点体力活好，可以出出汗。"

"老邓，这里有工作台，你试一试这些。"陶端缙带着邓小平来到窗边一个空着的工作台边，上面依次放着锉子、锯子、刨子等工具。

"老邓你看这个锉子会不会用，要不锉一下零件试试，慢慢来。"

"要得，我试一下。"

邓小平拿起锉刀试了试手，在陶端缙的指导下用钳子夹住要加工的零部件，就一板一眼地干了起来。一开始动作还有点生疏，干着干着就上手了。过了一会儿，邻近的工人师傅们侧头一看，都感到纳罕，这可不像是个生手，还挺像那么回事的。

陶端缙也在一旁暗暗观察，越看越觉得不错，一高兴，他就夸上了："老邓哪，干得好，蛮结棍（不错）！"

江西方言邓小平听不懂："你说啥子？"

陶端缙连忙解释："我是说你这手艺蛮不错，不像生手，起码得是个四级钳工。"

这下邓小平听懂了，微微一笑："五十年前我干过钳工。这个活计，我还可以。"

大约五十年前，16岁的邓小平背着行囊，从家乡的水路出发，坐上蒸汽船漂洋过海，到法国勤工俭学，辗转39天才到达马赛。同批83个学生中，他是最年轻的一个。少年邓小平满怀"工业救国"的理想，却在法国到处碰壁，只能在工厂里干各种苦力活。

邓小平描述旅法经历时这样说："那时才十六岁。当时是勤工俭学，勤工就是劳动，想挣一点钱上学。但这个目标没有实现。我在法国待了五年半，其中在工厂劳动了四年，干重体力劳动。我的个子小，就是因为年轻时干了重劳动。"

他在当时法国最大的军工厂——施奈德钢铁厂干过轧钢工，在雷诺汽车厂干过钳工，在哈金森橡胶厂里当过学徒黏胶鞋，在香布朗工厂当过临时工扎纸花，还曾在饭馆当过招待、码头搬运行李、建筑工地扛水泥等，哪里有活就到哪里干。那时留学生里流传着一句话——"做工苦，做工苦，最苦莫过'马老五'（法语音译，意为杂工）"。邓小平干的就是最苦的杂工，攒下微薄的酬劳充当学费和生活费。

当轧钢工时，还没成年的邓小平在40℃左右的高温车间，用长把铁钳从高炉里拖出烧得红通通的钢材跑到另一头。强烈的蒸汽和灼热的高温烤得皮肤发红，钳着数十斤重的钢材，几个小时胳膊就发麻发抖，还有烫伤的危险。轧钢工又累又热，劳动强度大，邓小平一周工作50个小时，不止一次受伤，营养还跟不上，导致他身体瘦弱不长个。

更让邓小平不能忍受的是法国工头的歧视、辱骂以及资本家的压榨。他干的活和法国工人一样多，却因为年龄不足18岁，只能拿童工工资，工作中磨损的材料费还要从工资里扣掉，赚来的钱不够吃饱肚子。痛苦的生活让他对资本主义社会的残酷有了深刻

位于法国东部勒克勒佐的施奈德工厂，邓小平曾在此做工

的认识，因此接触到马克思主义的书籍后接受度很高，为之后走上革命道路打下了良好的基础。他曾经回顾这一段生活，说："生活的痛苦，资本家的走狗——工头的辱骂，使我直接或间接地受了很大的影响。"最终他的"工业救国"梦破灭，邓小平投身革命成长为一名共产主义战士，于1923年6月加入旅欧中国共产主义青年团，结识了周恩来、聂荣臻、王若飞这些重要的伙伴和同志。

　　命运像给他开了个玩笑，痛恨资本主义的邓小平居然被打成了"走资派"，更没想到的是现在自己又拿起锉刀，重操旧业干起了钳工。

在专注的工作中,时间飞逝。到了11点半,监管干部黄文华提醒陶排长他们该下班了,走回住处还要大半个小时呢。

第一天的劳动结束了,邓小平和卓琳走在回去的路上,两个人的脚步比来时要轻盈得多。江西的秋天气候宜人,新建县拖拉机修造厂上上下下的氛围和工人师傅们的淳朴、热情,让他们卸下了心头沉重的负担。从被打倒以来压在他们身体和思想上的沉重枷锁,在江西开始松动。

半个月后,在写给汪东兴的信里,邓小平这样记录自己的生活:

> 每天上午六时半起床,七时三十五分由家动身,二十几分钟就走到工厂,在厂劳动大约三小时半,十一时半由厂回家,吃午饭后睡睡午觉,起来后读毛选(每天力求读一小时以上)和看报纸,夜间听广播,还参加一些家务劳动……

最后,邓小平用一句话总结:"我们过得非常愉快。"

从此无论酷暑寒冬,邓小平和卓琳坚持去工厂劳动,直至离开江西。相关资料记载,邓小平全年工作225天,去除周末和假期,相当于全勤。卓琳因为身体原因,劳动了132天。

# 小平小道  XIAOPING XIAODAO

新建县拖拉机修造厂内邓小平工作车间

第五章

## 保护"老邓"

从11月9日起，每日清早夫妻俩吃过早饭，7点35分准时出门，在黄文华的监管下到拖拉机修造厂劳动。

一进车间，邓小平向大家问候一声"同志们好"，到了工作台就开始干活。他干起活来一丝不苟，既不拉闲话，也不惜力气，总是干得汗透衣裳。离开时也忘不了道别，和大家招呼"明天见"，天天如此。有什么任务派给他们的时候，喊"老邓""老卓"，他们俩都有答应。

这一切工人们都看在眼里。原本邓小平是和毛主席、周总理一起工作的国家领导，只有报纸上才看得到他的照片，后来被打成"党内第二号走资派"，大街小巷都是他被画叉的名字。这样大起大落的大人物现在到了厂里这么个小地方来劳动，旁边还跟着个监管的干部，工人师傅嘴上不说，心里还是有距离的，上面也交代了，不经许可不能接触邓小平。应该用什么样的态度对待这位"落难"的北京大领导？有人背地里总结了四条——敌不敌，我不我，冷不冷,热不热。

工人们心思单纯,相处日久,两位老人低调、实在、不多事的作风让大家消除了心理障碍。慢慢地,工人们和他们亲近起来。

上午劳动,下午阅读,闲时家务,邓小平一家在江西的生活简单又有规律。除了依旧被监管、不能与外人接近外,表面上看是风平浪静,然而背地里却不是那么太平。

首先是他们居住的步兵学校。步兵学校撤校后,除驻扎有炮兵团外,还有部分留守军人和家属。尽管邓小平一家不与外人接触,但就这么点大的地方,"将军楼"里的灯光还是引起了军人家属和孩子们的好奇。他们的行为可不受监管,打听消息的,甚至在邓小平和卓琳出门劳动时前去围观的,起了一些骚动,经上级部门及时做工作才平静下来。

二来是步兵学校这个地方所在的生产大队里也有"地富反坏右"分子(指地主、富农、反革命、坏分子和右派五类人),对这些人要进行摸底,掌握动向。

三来就是拖拉机修造厂。尽管罗朋下了严令要把邓小平在这里劳动的消息保密,但是世上哪有不透风的墙,没几天这个消息就传到了有心人的耳朵里。

一开始,只是几个人装作附近的居民在厂子周围转悠,看到工人出来就上去递烟套近乎——

"听说你们厂里来了北京的人?"

"你们厂里有多少人？能不能带我去看看？"

"你有没有见过邓小平？"

"我问你，邓小平长什么样啊？"

…………

经过罗朋的会议动员后，工人们的警惕性很高，他们立马把这个情况告诉了厂里的保卫小组，引起了罗朋的重视。罗朋立马召开保卫小组安全会议，通报了有人在打听邓小平的情况，他再次强调："我们要绝对保证邓小平的安全，这是总理交给我们的任务，一点折扣都不能打。"经过集体讨论，拖拉机修造厂迅速制定了新的门卫制度，规定："非本厂人员不得进入厂区；厂内人员不得进入修理车间；工人出厂进厂须经门卫允许……"内容有六条，每一条都对应着可能出现的状况，提前进行预防。

新的门卫制度张贴在大门口，那些鬼鬼祟祟的人一看就明白自己的意图已经被识破了，只能离开。但是他们并没有就此罢休，而是另有图谋。

过了几天，一大清早几辆卡车从南昌城区出发，油门轰轰地直奔着拖拉机修造厂而来，欸一声停在大门口，车上下来了一群套着红袖套的"造反派"，气势汹汹要进厂去。在这个年代，"造反派"可以横行无阻，视各种规定为无物，他们人多势众，说闯就闯，说推翻就推翻，说砸烂就砸烂，谁上前阻拦就把谁打倒。

保卫小组每天都有党员在厂门口值守，见到这个情况立马就

第五章　保护"老邓"

拖拉机修造厂制定的门卫制度

叫人报告给罗朋，自己则站出来和"造反派"对峙："干什么的？"

领头的人吼叫着："邓小平在哪里？我们要进去！"

党员指着门口张贴的门卫制度，说："你们不能进去，这是厂里的规定。"

"造反派"压根没把他放在眼里，一群人围了过来，七嘴八舌地说："为什么不能进去？你们这是什么规定？"

"你算老几，还敢跟我们搞对抗。"

"不要听他的，他在包庇邓小平，我们冲进去！"

正闹得不可开交之时，罗朋带着工人赶到了门口。面对气焰嚣张的"造反派"，罗朋镇定自若，他知道和这些人没什么道理可讲，态度一定要强硬。他直视着领头人的眼睛，一字一句地说："我们厂里在执行省革委会核心领导小组的任务，没有省革委会的条子，谁也不能进去。你们要进去，拿省革委会核心领导小组的批条来，我敞开门欢迎。"

"造反派"哪里有条子，他们互相看看，不甘示弱地叫嚣道："你们执行的是什么任务，你说得出来吗？我们就问你，邓小平在不在里面？你不把他交出来，就是包庇刘邓资产阶级司令部，就是和人民为敌，我们要连你一起批斗！"

听说有"造反派"来堵门，临近门口的车间里涌出来了一批工人，他们穿着蓝色工装，挽着袖子，沉默地站在了罗朋身后，和"造反派"对峙。"造反派"本来就是一群欺软怕硬的乌合之众，看见工人师傅们虎视眈眈，不由气弱，而罗朋寸步不让："我们执行的是保密任务，不能公开。邓小平的事情你们哪里来的消息？我们这里没有这个人。要进厂可以，拿条子！"

"对，要进去可以，拿条子来。"工人们也齐声道。

见势不对，"造反派"一个个往后缩，领头的人色厉内荏地丢下一句"你们等着"，带着人灰溜溜地上车打道回府了。

在工人们的哄笑声里，罗朋看着绝尘而去的汽车陷入沉思，他预感到"造反派"不会善罢甘休，后面还有一场硬仗要打。

果不其然，这群"造反派"回去后联系上了新建县革委会副主任、原江西师范学院井冈山战斗兵团和江西省大中学校红卫兵司令部的头目，纠集了一支几十人的队伍，不打一声招呼，直接硬闯拖拉机修造厂。这个领头的副主任，摆出一副目空一切的架势，到了门口不答话也不自报家门，推开门卫就往里面冲。

他们来得很快，厂里的保卫小组还没来得及反应，这群人就直接闯进了邓小平所在的车间。他们一边大叫"邓小平在哪里""打倒邓小平"，一边揪过门口的工人细看，工人们不知道发生什么事，都愣住了，几个胆子小的女工人没见过这阵仗，吓得叫了出来。人群里的程红杏也吓到了，反应过来以后她赶紧一把将卓琳扯到自己身后，和几个女工人团团护住她。

车间主任陶端缙忙上前拦住这些人，门口周围的工人师傅也放下手中的事情过来拦阻。幸亏"造反派"不知道邓小平的位置，他们被工人们挡住视线，一时没有发现邓小平的踪迹。

此时陶端缙心都提到了喉咙口，对方人这么多，邓小平要是直接被他们揪住，有个什么差池可怎么得了！慌乱中他悄悄看了一眼邓小平，担心这位老人受到惊吓，谁知大出他的意料，邓小平一如往常，头也不抬地在自己的工位上锉零件。他面色镇定，神情专注，这群冲着他来的"造反派"气势汹汹，离他只有不到五米的距离了，他却连眼皮都不抬一下，不动如山，锉零件的手很稳，动作也还是那么有板有眼，好似完全没把面前的喧哗放在眼里。

这种镇静的风度让陶端缙打心底里感到佩服——真是大将风范，不愧是带领千军万马解放大西南的人物。他心中勇气顿生，挺起胸膛把"造反派"往门口推拒，示意工友们把门口牢牢守住，绝不能让他们往里闯。

罗朋来得很快，他早有心理准备，眼下的情况一触即发，如果处理不好，引起"武斗"或者群体事件就更糟糕了。他心下盘算着"造反派"二闯关，肯定是有所倚仗，"擒贼先擒王"，要把领头的拿下。他一进来就看见了正对陶端缙指手画脚的副主任，派头十足，"造反派"唯他马首是瞻。

罗朋上去一把握住这位副主任的手，客气地问好："主任好，今天怎么来了？走，到我办公室里抽根烟，喝口茶。"说着，他又凑近副主任，压低声音："省革委会核心领导小组有电话交代，请到我的办公室去汇报，陈昌奉司令员在等着呢。"

副主任一惊，没想到自己竟然惊动了省革委会核心领导小组，陈昌奉司令员自己可开罪不起。他瞪了陶端缙一眼，把手一挥，带

## 第五章　保护"老邓"

着"造反派"出了车间，自己则跟着罗朋去了办公室。危机就此缓解。

到了办公室，罗朋马上拨打省革委会核心领导小组办公室的电话，对情况做了报告。

不得揪斗邓小平是省革委会的决定，邓小平的劳动场所也是保密消息，如果邓小平在江西的地界上出了状况，怎么和北京交代？省革委会对这位副主任进行了严厉的斥责，并给了他纪律处分。

有了这位副主任的前车之鉴，各路蠢蠢欲动的"造反派"终于打消了念头，不再来拖拉机修造厂里闹事了。

通过这几件事，工人们认识到了"保护邓小平"这个任务的重要性，大家互相提醒，提高警惕，加强团结，拧成一股绳，绝不能让别有用心的人得逞。

在和邓小平的相处中，感触最深的是陶端缙。特别是经过上一次的风波后，他深深为邓小平处变不惊、泰然自若的风度所折服，也为两位老同志和气、亲切的态度所打动。当他意识到自己肩头的任务原来如此重大，不仅仅是关照两位落难的老人，还要和邪恶的势力做斗争时，他心头充满了一股强烈的责任感。那段时间，陶端缙早上提前20分钟到车间检查一遍，下班等大家都离开后再把车间检查一遍，尤其是邓小平的工作台，生怕有人在车间捣鬼。陶端缙说过这样一句话："要是有人放炸弹，就先把我炸死。"多么可亲可敬的同志！这是一个平凡人身上不平凡的高尚品质，来自可贵的责任感，也来自一颗朴实、真诚、善良的心。

陶端缙对邓小平的关照很细致，厂里的厕所离修理车间比较远，每次邓小平要去小便都要穿过大半个厂区。他就在紧靠车间的围墙边搭了个小便池，还一手包揽了清洁工作，经常擦洗。他想着厂里的条件有限，能做的事不多，这些小事都是举手之劳，邓小平大半辈子干革命，出生入死立了那么多功劳，现在到了自己的车间里，能让老人家方便一点、舒服一点，多做一点事算得了什么呢。

罗朋则比一般的工人考虑得更多，在做好厂区的安全防范、厂内人员的布置安排这些事务的同时，他深知邓小平目前还处于被幽禁的状态，时时刻刻都在他人的监视中，稍有举动就会被报告给上面，不能和大家正常来往，如何从日常工作中减少这种不自由的低压气息，让邓小平在劳动时能思想放松一点，是罗朋苦思冥想的问题。

每天跟着邓小平夫妇进进出出的监管干部黄文华，罗朋以礼相待，细心观察，这个人是个什么脾气性格，对邓小平是什么态度，时间一久他就有底了。

看到黄文华每天跟着邓小平进厂，到了车间邓小平开始干活，他则拖过一个板凳，坐在邓小平身后看着他忙活，时刻不离，也不和工人们讲话，搞得厂里气氛紧张，工人们不敢和邓小平说话。罗朋换位思考，如果自己是邓小平，天天被这么跟着、看着，如芒在

第五章　保护"老邓"

罗朋为邓小平准备的休息室，但邓小平一次都没去过

背，哪里放松得下来？他通过攀谈，了解到黄文华是吉安军分区政治部宣传科的干部，担任过省军区举办的"梅岭学习班"教员，就以自己也当过宣传部副科长的经历和他交流。

黄文华果然很感兴趣，和罗朋大谈宣传工作的经验和学习心得。罗朋趁机邀请黄文华给厂里的职工上思想政治课，开展学习活动。

这一下就调动了黄文华的积极性，他因为被派来监管邓小平，生活单调枯燥又不能请假，进了厂自己既不能离开，又没有正事可干，心里有点情绪。罗朋的这个提议真是搔到痒处，给厂里的职工上课谈心得，既可以干自己的本职工作，又锻炼了本领，还能得到尊重，充分满足了他的心理需求。

　　一周两堂课，黄文华要搜集学习资料，还要备课，没有那么多时间看着邓小平了，反正进了拖拉机修造厂的大门，安全就由厂里负责，渐渐地，他就不太进车间了。黄文华一走，邓小平和工人们都觉得自由松快得多，至少在车间里大家能够正常交往、说话。

　　车间的工人们和邓小平、卓琳天天见面，一起干活，大家发现两人既不自尊自大，也不自怨自艾，还以平常心和大家相交。卓琳亲切大方，和女工们在一起拉家常，有说有笑，她是北京大学物理系的高才生，当过学校校长，经历丰富，青年女工们很信赖这位老卓大姐。邓小平虽然话不多，进了厂房就低头干活，很少交流，却事事有回应，沉静中自有气度。

　　一开始的顾虑消除后，大家都喜欢上了他们。工人们也说不出什么亲热的话语，只是在日常的相处里用行动表达纯朴的欢喜。天冷的时候邓小平干完活手冻得通红，一手油污，有一个工人师傅就悄悄去打了一盆温热的水过来，递上一块肥皂："老邓，洗洗手吧！"到了端午节，听说卓琳不会包粽子，程红杏买了糯米、红豆和粽叶送过去，教老卓包粽子、煮粽子，一群人说说笑笑过了节。

　　就这样，在罗朋、陶端缙和工人们的保护下，邓小平在江西的日子步入正轨，开始了平静的生活。

第六章

# 邓家的菜园子

## 小平小道 XIAOPING XIAODAO

1970年元旦刚过不久，江西阴冷的冬天才露了个头，邓小平一家平静的生活再起波澜——邓小平和卓琳停发工资，一家人的生活陷入困顿。

当初邓小平和卓琳从北京疏散到南昌，工资照发，全家吃住自己负责。虽然不能外出，但可以用黄文华的名义写条子购买生活物资。新建县有关部门看到"黄文华"的落款都尽量满足，邓家按价付钱。

邓小平拿的是行政工资四级，每月404元，卓琳拿的是行政工资十二级，每月120元，合计524元。按照当时的生活水平，两人的工资算高收入了，拖拉机修造厂车间主任陶端缙一个月工资才四五十元，可以勉强糊口。但是邓小平家比较特殊，除大女儿邓林已经工作外（工资只够自给），大儿子邓朴方在北京医院住院治疗，每月需要医药费和生活费，其他三个孩子天各一方，分别在北京、陕北、山西插队或学习，日子相当艰苦，要给他们寄生活费和探亲路费，此外还有卓琳姐姐的孩子需要接济，邓小平三人在江西的生活也要开支，一家9口人都指着两个人的工资过。

这样一算，虽然工资高，但是他们手头却不宽裕。而且马上就要过冬了，江西的冬天不仅时间长，而且还格外地潮湿阴冷，让在北方待惯的邓小平一家很不适应，"将军楼"里既没有供暖也不提供热水，需要储备煤炭和食物。

元旦过后，没有任何征兆，两人当月只领到205元，工资条上写着邓小平120元、卓琳60元、夏伯根25元，加起来还不到原工资的一半。

这是一个危险的信号，卓琳把这个消息告诉邓小平后，两人都脸色凝重。工资减半还是其次，根据他们的经验，经济待遇往往和政治待遇挂钩，工资突然降了这么多，是不是一种经济制裁？为什么一点消息都没有，也没有传达文件，是不是中央那边又出了什么新"运动"，或者邓小平的政治问题又升级了？这一次工资降级是针对所有下放地方的老同志还是专门针对邓小平？江西地处一隅，远离中央，两人身份敏感，不好去打听。

阴暗的疑云压到了静谧的"将军楼"上，连黄文华都感觉到了事态的不寻常。思考再三，卓琳还是开口请黄文华帮忙问一问江西省革委会究竟是怎么回事，却一直没有得到回复。

在疑惑和不安中挨到了2月，依然只领到205元。不过算是不幸中的大幸，并不见有别的惩罚措施。邓小平明白这种情况可能会

邓小平和妻子卓琳、继母夏伯根的合影

持续很长时间,自己应该有个态度,他在给汪东兴的信里写道:

> 从今年1月份起,中央给我们的生活费是每月205元,1月份,曾请省革委负责同志向你请示,这个数目是否我们今后长期的固定的生活费用,未见复示。前几天又收到2月份的,还是205元,我们当即了解这是新的规定,我们当照此规定,重新安排自己的生活。

当然，坦率地说，这个数目对于我们这个九口人之家（我们夫妻，我的继母，五个孩子，还有一个卓琳姐姐的孩子也是我们供给的），是不无困难的，因为除邓林已有工资外（她本人病多，最多只能自给），我的大儿子邓朴方在医院每月需35元左右（吃饭25元是医院规定的，抽烟及零用约10元），两个大学生每月30元左右，三人即需约90至100元。我们在南昌的三个人，只有100元开支。

此外，我的小女儿毛毛、小儿子飞飞在公社劳动所得，只够吃饭，其他需用也要适当补助。再者，我们还得积点钱作为孩子们回家的路费（路远，每人来往约需100元左右）和回来时的伙食费（回家来总要改善一点伙食），以及每年总要补充一点衣物日用品。这样算来，当然是紧的。

但是，党既作了这样统一的规定，我们没有理由提出额外的请求，自当从我们自己用的100元中，每月节约二三十元，积起来作为他们每年回家一次的路费。新的生活总会习惯的！

信发出后没几天，江西省革委会便来转达中央办公厅的答复："不是减工资，是暂停发工资，改发生活费，其余的钱暂时由中央办公厅代为保管。至于停发到什么时候，目前还没有决定。"

工资停发对邓小平一家的影响是非常大的,他们的日常生活原本就过得很俭朴。这里有一张邓小平在江西时一日三餐的食谱:

早餐:一碗糯米酒酿冲鸡蛋,两个馒头,一碗稀饭,一点点豆瓣酱;

中餐:一杯白酒(后来由自家酿的水酒也就是糯米酒替代),三样素菜(青菜、黄瓜、苦瓜或韭菜变化着吃)或一样荤菜,一碟豆瓣酱或辣椒酱,两小碗饭;

晚餐:一杯白酒(后来以水酒替代),三样素菜,两小碗饭。

邓小平生活自律,原则性强,既然中央做了这样的规定,他就不会提出额外的要求,只能自己去适应新的状况。他和卓琳、夏伯根商量,以后要缩减开支,当然孩子们的生活费用不能俭省,要俭省只能俭省自己的。

邓小平是四川人,喜欢喝茶,茶叶贵,工资停发以后,第一个裁掉的开支就是茶叶费。

接着是抽烟的问题。无论是前半生行军打仗还是新中国成立后的日子,面对繁重的工作和巨大的压力,邓小平烟瘾很大,抽烟让他既能放松解乏又能凝神思考,已经几十年了,一时要戒也难戒,只能减量。以前烟不离手,有时候一天要抽一两包,现在则严格控制,逐渐减量,从三天抽一包逐渐减到十天抽一包。上午去工厂劳动一根不抽，午饭后和晚上各抽一根或半根。有时一根烟抽半截解解馋就熄灭，留半截下次再抽。比邓小平戒烟态度更坚决的是卓琳，她原本不抽烟，被幽禁在中南海时为了排遣对孩子们的思念，她也抽起烟来，并且烟瘾比邓小平还大。如今为了节省开支，卓琳就把烟彻底戒掉了。

然后是酒。邓小平习惯每餐喝点白酒，长年如此。工资停发之后改成午餐和晚餐喝。为了俭省酒这项开支，卓琳学会了酿水酒，也就是自家酿的糯米酒，邓小平就把喝白酒改成了喝水酒。两种酒的味道当然天差地别，但是邓小平举起杯子抿抿嘴，乐观地表示："都是酒嘛。"

三餐饮食单价最贵的是肉，邓小平决定儿女在的时候吃一点肉，孩子插队缺少营养，回来探亲要给他们补充补充，儿女不在则尽量不吃。家里有老人家，当然也要考虑，一周吃一次猪肉。

为了让餐桌上菜色丰富一些，夏伯根和卓琳张罗着做一些霉豆腐、豆瓣酱，既合邓小平的口味，也能在蔬菜不多的时候充一盘菜。

对于剩菜剩饭，邓小平是坚决主张不能浪费的，都会吃完。有一次卓琳的师父程红杏到"将军楼"去送脸盆，邓小平家的搪瓷脸盆底部破了个小洞，漏水，一开始塞了棉花球，勉强能用，用久了棉花球也塞不住，还生了锈，染得棉花球发黄。他们不愿意买个新的，就拿到厂里，请相熟的工人帮忙焊上。当时工人们还开玩笑——两个人拿那么高的工资，买个脸盆要得了多少钱，怎么不换个新的。卓琳笑笑不说话，只是温言请工人师傅帮个忙。午饭后程红杏拿着脸盆到了"将军楼"，正好看到夏伯根收拾完饭桌，手里端着一碗吃剩的菜汤要倒掉。邓小平看到，就拦住了老太太。老太太说："这菜汤都有味儿了，还不倒掉吗？"程红杏凑过去，端起菜汤闻了一下，确实已经变了味道。邓小平却说："不要紧，烧开了还可以吃，给我吃嘛。"

到了夏天，"将军楼"的院子里植物多，湿气重，蚊虫也多。江西的夏天少不了蚊帐，邓小平一家人初来乍到，黄文华早早提醒他们准备蚊帐。卓琳问了蚊帐的价格和棉纱布的价格后，盘算了一下，舍不得买蚊帐，就请小贺扯了几尺棉纱布，自己动手缝制了三床蚊帐，仅为了节约四元五角钱。

家庭负担这么重，节约能节约得了多少？也不知道工资要停发到什么时候，要把日子过下去还是得开源。邓小平把目光放在了"将军楼"院子后面的荒地上，他想起了二十多年前在太行山的往事。

1943年，邓小平和刘伯承率领八路军一二九师在太行山下进行抗战，面对敌人坚壁清野的残酷"扫荡"，又遇上蝗灾和旱灾肆虐，粮食歉收，物资极度贫乏。邓小平和刘伯承带头垦荒种菜，发展军民大生产，渡过了那段艰难的岁月，吃着饱饭打了胜仗。

当年邓小平向当地老农学种菜，扛起锄头垦荒起垄，挑起水桶

第六章 邓家的菜园子

抗日战争时期的邓小平

浇水施肥，间苗、松土、除草、沤肥，蔬菜长得瓷实肥壮，群众看了都夸"邓政委是个好把式"。卓琳也带着干部家属在荒地开辟菜园，自己挑大粪送肥，还时不时和邓小平交流种菜的经验。

邓小平出生在一个小地主家庭，小时候没干过农活，投身革命以后，他历经磨砺，特别是早年间在江西担任会寻安（会昌、寻乌、安远）中心县委书记时，春耕时节他亲自带头犁田、耙田、耘禾、割稻，带领群众搞生产，支援前线红军。延安时期，他是开荒队伍里的积极分子。到了太行山下，他已经是一般的农活通通都不在话下的"老把式"了。

一晃二十多年过去了，为了适应新的经济情况，邓小平夫妇重整旗鼓，利用下午的时间在院子里开荒种地。他们请战士小贺到市场上买来种子，先从"将军楼"前面的荒地开始整理，邓小平是开荒的主劳力，挖地、翻地、搓草绳、搭瓜棚和豆角架，很快整出了四块菜地。等到过年时小女儿毛毛和小儿子飞飞到江西来探亲时，多了两个壮劳力，就把后院的荒地也整出了一片。

为了活跃气氛，让父亲母亲高兴高兴，飞飞"彩衣娱亲"，故意腰上拴一根乡下的草绳，袖子撸到胳膊肘上，高高地抡着锄头挖地，挖得石头土块四溅，急得奶奶夏伯根在旁边一个劲儿劝"够了够了，不用挖那么深"，笑得毛毛前仰后合，卓琳也在一边乐呵呵地看。邓小平喜欢一家人这样快快乐乐在一起的氛围，他从来不教训孩子，任由飞飞胡闹，自己则默默跟在后面"收拾残局"。他用锄头把地修边、分畦、起垄，一招一式老到得很，动作间丝毫不见生疏。

看邓小平已经开始干活了，卓琳也默契地跟上，搬一把小凳子坐在旁边，从翻过的土地里拣出石头、碎砖、树根，夏伯根把洗米水、刷锅水攒在一起，均匀浇在地里，依次种上丝瓜、苦瓜、茄子、辣椒、大葱、豆角等各色蔬菜。

除了去工厂劳动，其余时间他们不能外出，托小贺买种子没问题，买肥料则不方便，于是邓小平又在后院的偏僻处搭了一个简易茅厕，自己以身作则，带头使用，好收集肥料。夏伯根又托小贺买来几只鸡养在院子里，这样鸡蛋可以自给，解决了一家人的营养问题，鸡粪收集起来还可以做肥料。

春天来了，江西的春天山川温润、草木葱茏，稻米之乡的肥沃土壤与湿润的气候催动万物生发。"将军楼"的院子里韭菜碧绿、蒜苗青翠、小葱水灵，种下去的蔬菜探出了新苗，一片生机盎然，让人看了心里欢喜。小院里玉兰花、杜鹃花相继盛放，树木焕新，小鸡在院子里咯咯咯地撒欢。邓小平起得很早，洗漱之后绕着院子走上一圈，活动活动手脚，细细观察着蔬菜的长势，心里盘算着什么时候间苗、什么时候浇水、什么时候施肥、什么时候牵藤，关心晴雨天气，关注草木生长。上午在工厂劳动出出汗，下午在地里除草浇水，晚上和卓琳一起读书看报听广播，夏伯根就着灯光做做针线活，一家人把紧巴巴的日子过得有滋有味。

初夏到了，丝瓜、南瓜开出了白色、黄色的大喇叭，苦瓜开出嫩黄的小喇叭，茄子紫叶紫花紫袍子，辣椒的小白花还没褪干净就

## 小平小道  XIAOPING XIAODAO

邓小平一家在这里开荒、种菜、养鸡

## 第六章 邓家的菜园子

心急地亮出了嫩绿的小尖角。下过一场雨后，叶片上挂着晶莹的水滴，空气中弥漫着清新的气息，邓小平徜徉在菜地里，看着日渐茁壮的蔬菜瓜果，蹲下身子拔拔草，捉捉虫，搭搭架子。

丝瓜花下，前几日还不见，今日却结出了手指头长短的一节丝瓜，乐得他叫起来："卓琳卓琳，快来看！"卓琳在房里听见叫她，以为发生什么事，"来了来了"一迭声地应着走出来，来到地里问："怎么了？"邓小平站在丝瓜架边，指着丝瓜，笑容满面叫她看："你来看，结了好大一个丝瓜崽子嘛。"原来是这么个事，卓琳手里还拿着抹桌子的抹布，不禁又好气又好笑。转念一想，沉郁的岁月难得看他笑得那么开心，卓琳放下抹布走过去，细细地看长出来的蔬菜，点数收获的成果，边看边称赞。两个人在菜地说说笑笑，心生欢喜，一时间把政治的打击、禁闭的苦闷和经济的烦恼都抛之云外了。

他们的笑声引得厨房里忙碌的夏伯根嘴角上翘，纯朴的小贺提着一桶水走过菜园，也抿着嘴笑了。只有黄文华在门口探了探头，眉宇间满是疑惑：菜倒是确实长得不错，只是两人这个情况，怎么还能笑得出来？

笑对苦难，说起来容易，多少人沉溺在痛苦中无法振作，失意、消极、悲观、绝望，古往今来多少英雄豪杰都折戟其中。邓小平的笑声，是一种豁达与乐观，是钢铁意志的闪光，也是对苦难困境的超越。

083

"文化大革命"中,邓小平曾去看望被批判的北京市副市长、著名历史学家吴晗,安慰他说:"从我参加革命到现在,经历了那么多的风浪都熬过来了。我的经验无非两条,第一不怕,第二乐观。"

这两句话不是虚言,邓小平善于用乐观主义精神对待一切挫折和逆境。不管是在中央苏区时被冤枉,还是在敌人的围攻之下绝地求生,他见惯风雨,早已在人生的潮起潮落中锤炼出坦然处之的韧性。他坚持独立思考、独立判断,用实际的劳动和工作来调节生活,不在空想和彷徨中虚耗光阴。他知道,春种夏长,耕耘收获,世间自有规律,人间自有正道。

第七章

# 父亲的手写信

"妈！爸！奶奶！"

1969年12月上旬的下午，静静的"将军楼"下传来了一声声激动的呼喊。还没等楼里的人反应过来，噔噔噔的脚步声欢快急促地在木楼板上响起来了。

"妈妈，爸爸，是我，我来了！"二楼套间的门被拉开，正在看书的邓小平和卓琳一抬头，小女儿毛毛出现在了门口，晒得黝黑的脸上咧着大大的笑脸，张开手臂扑了过来。

邓小平来不及拿开盖在腿上的毯子，就站起来紧紧抱住两年未见的女儿。缓过这一阵激动之后，他看向妻子卓琳，她正抱着毛毛泪流满面，再一看毛毛，也哭了。邓小平没有说话，只是嘴唇动了动："好了，好了，回来了就好。"

卓琳在江西安顿好了以后，就给子女们写信，让分散在全国各地的他们知道到哪里可以找到父母亲。毛毛是第一个飞回父母身边的雏鸟。

# 第七章　父亲的手写信

这天下午"将军楼"里一下就欢腾起来了，邓小平给院子里的炉子生起了火，使劲加煤，一心想快点把水烧热，好让女儿洗个热水澡。卓琳则把毛毛带来的所有衣物都用开水烫一遍杀菌，怕有虱子。奶奶夏伯根操持着晚餐，准备让孩子大吃一顿补补营养，油锅滋滋地响个不停。毛毛一脸稀奇地围着江西的"家"转悠，看完前院看后院，上跑下跳一刻也闲不下来，逗得爸爸妈妈也看着她直乐。

19岁的毛毛生性活泼，又值青春华年，即使因为父亲而遭受了一些磨难，她乐观的天性也没有被磨灭。"文化大革命"期间她在陕北的黄土高原插队，接到母亲从江西寄来的家信后，心早就飞到江西来了。经过邓小平夫妇和江西省革委会再三交涉，她被准许春节期间到江西探亲。花了整整七天七夜，火车、汽车加步行，她才来到"将军楼"，见到了爸爸妈妈和把她一手带大的奶奶。

自从1967年9月被赶出了中南海后，孩子们就跟着奶奶夏伯根挤在北京方壶斋胡同的一个大院里生活。后来随着形势越来越严峻，在中央美院上学的大姐邓林时常被批斗并被罚扫厕所，不准出校。在北京大学读书的大哥邓朴方和二姐邓楠境况更糟糕，北大是"文革重灾区"，北大"造反派"以"残酷"闻名，他们把邓家兄妹抓起来审讯，旨在"交代揭发邓小平的罪行"。

1968年8月下旬，因不堪"造反派"的长期审讯，邓朴方跳楼以示抗议，他在一封信中写道："我对'文化大革命'很不理解，特别是对我父亲的问题很不理解。""'造反派'非要我讲,我不能讲,在这种情况下,我实在无路可走了……"

邓朴方坠楼后严重摔伤,第十一、十二胸椎和第一腰椎压缩性骨折,当时腹部仍有反应。"造反派"把他送医院,听说他是邓小平的儿子,没有一家医院愿意收治。"造反派"怕邓朴方不治而亡,强行让北医三院收下。等到医院进行治疗时,邓朴方的病情已经被严重耽误,截瘫面由原本的第十一胸椎演变到第七胸椎水平,从胸部以下全部失去知觉,大小便功能丧失,造成了无可挽回的高位截瘫。此时邓朴方24岁,原本是北京大学物理系的高才生,学校团支部书记、中共预备党员,前途大好。

对于邓朴方的遭遇,邓小平夫妇到一年后才知晓。1969年4月中共九大召开,由于毛主席的保护,邓小平虽然被确定为"党内第二号走资本主义道路的当权派",被撤销了党内外一切职务,但没有开除党籍。邓小平的处境也有所改变,允许家属探望。此时大儿子邓朴方在积水潭医院治疗,大女儿邓林在河北宣化接受解放军再教育,毛毛和飞飞分别到陕西和山西插队,能去探望的只有二女儿邓楠。

许久未见,三人一见面有说不完的话,卓琳一个一个细细问起孩子们的近况,邓楠一五一十地说,心里很忐忑,不知道该怎么讲大哥被摔伤致高位截瘫的事,爸妈年纪这么大了,被禁闭在中南海以后消瘦不少,妈妈又有心脏病、高血压,就怕他们一时难以接受。

怕也难逃,卓琳问完其他人,还是问到了邓朴方身上:"你哥在干吗？胖胖（邓朴方小名）怎么没来？"邓楠慌了，她还没想好怎么说，腾一下站起来往厕所走："哎呀，头好痒，好久没洗头了，我去洗个头。"

卓琳觉得奇怪，追到厕所问，邓楠越不说越有问题。经不起妈妈的追问，邓楠攥着湿头发，边哭边把大哥的事情说了出来。

卓琳心都碎了，她万万没想到儿子竟然遭了这么大的罪。丈夫被打倒她挺住了，子女被赶出去她也强忍着，唯有这一刻听说儿子被迫害致残，她崩溃了。她多想赶紧到儿子的病床前去照顾，可是却一步都不能出去。送走了女儿，她感觉偌大的含秀轩从来没有如此凄惶过，她一想起儿子的事就禁不住眼泪长流，三天三夜难止悲痛，从此落下了眼病。

从听到女儿的讲述起，邓小平就没有开口说过话，只是一根接一根地抽烟，他从未觉得烟的味道如此苦涩过。孩子们是因为自己才受了牵连，他心里的痛苦一点都不比卓琳少。

邓小平一生深情地爱着祖国和人民，也爱着自己的家庭。自从 16 岁离开家乡之后，他再也没有回过老家。母亲淡氏去世时他已经走上了革命道路，在苏联学习；父亲邓绍昌去世时他跟随红一军团北上抗日，为了国家的未来顾不上自己的亲人。

邓小平的个人情感也经受过很大的挫折，他和第一任妻子张锡瑗相识于莫斯科中山大学，后来在武汉进行地下工作时重逢，结为革命伴侣。结婚两年多，张锡瑗因生孩子染上产褥热英年早逝，不久孩子也夭折。此时邓小平却有任务在身，军情紧急，来不及安葬妻子就动身前往广西领导武装斗争。

邓小平和第二任妻子金维映也是革命同志，二人一同前往江西中央苏区，在工作中相知相恋，结为夫妻。结婚不到两年，邓小平因拥护毛泽东的正确路线被打倒，经历了政治生涯的第一次风波时，金维映在主持批判"江西罗明路线"的中央局领导的"告诫"下，以一纸离婚书和他划清界线。

第三任妻子卓琳原名浦琼英，父亲是号称云南"火腿大王"的浦在廷。她出身富家，就读于北京大学物理系，21岁到延安参加革命工作。1939年经人介绍和邓小平结婚，从此风雨相随，不离不弃，携手走过五十八载。

邓小平少小离家，为了革命事业南征北战，成立了自己的小家庭后他很珍惜。1992年邓小平在珠海视察时曾经发表过他对"家庭"的观点："欧洲发达国家的经验证明，没有家庭不行，家庭是个好东西。我们还要维持家庭。孔夫子讲，修身齐家治国平天下，家庭是社会的一个单元，修身齐家才能治国平天下。"

在家里，邓小平的角色是多元且深刻的，他不仅是家庭的顶梁柱和主心骨，也是情感的纽带、孩子们成长的引路人。他长年公务繁忙，卓琳是家里的"大总管"，邓小平只要有时间回家，从不吝啬付出对孩子的爱。他不会插手卓琳对孩子的日常教育，也不会板起面孔当严父、耍威风。他关心孩子的学习工作、思想动向，和孩子以平等的姿态交流，从来不会打骂，连大声呵斥也很少。他对子女

第七章　父亲的手写信

1939年，邓小平和卓琳在延安结为夫妇

的爱宽厚温情、深沉内敛。不单是对自己的孩子,对妹妹的孩子、卓琳姐姐的孩子、战友和邻居的孩子,他都予以同等的关心和爱护。"文化大革命"期间,邓家没有一个孩子愿意"揭发"自己的父亲,邓朴方宁愿以命抗争也不愿意说一句父亲的坏话。

当邓小平跌落人生低谷,面临巨大的挑战和困境时,他对家庭的深情更显得珍贵和深沉。

邓小平不忍心卓琳终日以泪洗面,开口劝慰说:"既然已经如此了,只能尽量想办法改善,让胖胖得到好一些的治疗。"他给毛泽东写了一封信,说明自己家里的情况,请组织帮忙安排。有了毛泽东和周恩来的批示,邓朴方转入解放军三○一医院,得到了较为正规的治疗。

1970年2月6日是传统春节,春节前小儿子飞飞也从插队的山西赶到了江西。分别时还是个十五六岁的中学生,再见面已经成年了,看着长高了的幺儿,邓小平全家都喜不自胜。飞飞和毛毛年纪相差不大,一见面聊个没完,聊各自在农村插队的境况、到江西路途中的趣事,原来飞飞差不多是同时出发的,一路上到处游历名山,花了近一个月的时间才到江西。

姐弟俩聊起"造反派"夺权、交通混乱、治安失序等耳闻目睹的社会现象。才18岁的飞飞离开父母身边的时候还只能算是个孩子,突然被扔进社会的大染缸里,迷茫的同时难免会受到影响,他讲起自己和同学们怎么逃票、混车、睡公园,讲得眉飞色舞。他到江西的时候穿着一双破棉鞋,背着个破破烂烂的斜挎包,腰间一根草绳捆着一件四处破洞"开花"的棉袄,黑黢黢的脸上满是汗渍尘土,样子埋汰得很。也不知道他饿了多久,坐下来一口气吃掉12个奶奶特意给孩子们留的大苹果,让人心疼。

儿女热烈交流的时候,邓小平和卓琳在一边含笑看着他们,听得很认真,时不时给他们倒水。和孩子们离开太久了,一点一滴的生活日常他们也不想错过。可是,听着听着两个人脸上的笑容消失了,脸色也渐渐严肃起来,邓小平眼皮垂下来看着地面,嘴唇紧闭。卓琳眉头紧锁,几次想开口打断他们,又忍住了。这几年他们被禁锢在中南海,没有接触社会大众,只从文件和报纸上了解全国形势,到江西来以后也只在工厂和住所来回,江西属于当时制止"武斗"较早、社会治安较好的地区,他们所见所闻并不很坏。但万万没有想到,仅仅三四年时间,国家和百姓的生活已经乱到了这步田地。

邓小平沉默地听完孩子们的"叙旧",等他们停下来喝茶的时候,他严肃地说:"你们知道,你们说的都是一些很坏的议论!"邓小平对孩子们向来和蔼,这在孩子们眼里,已经是一句重话了。

趁着这个机会,邓小平让毛毛和飞飞讲一讲他们了解到的各地情况,包括在北京胡同里生活时听到的一些信息。孩子们不敢隐瞒,和盘托出。他们讲的那些情况,让邓小平夫妇越听越是心惊,特别是邓小平曾经担任国务院副总理,对政务工作非常熟悉,曾经主持过经济建设工作,经常到各地视察调研。从孩子们讲述的现象，联系到他掌握的情况，这场政治运动究竟造成了什么样的恶果，邓小平全明白了。

作为一个为革命事业奉献了青春岁月，曾经目睹无数仁人志士抛头颅、洒热血的共产党员，他痛心疾首；作为一个为新中国社会主义建设事业呕心沥血的工作者，他心如刀割；作为一个对党、国家和人民保持责任感的政治家，他痛定思痛，决心不能再这样放任下去。如今虽然被撤销了一切职务、下放江西劳动，但是他坚信困厄只是一时，一定有重见光明的一天。

春节到了，邓小平多想其他的孩子也能到身边来过个团圆年啊，可是大儿子躺在北京医院，大女儿和二女儿请不到探亲假。这是没有办法的事，已经很好了，邓小平只能宽慰妻子，也是宽慰自己。

大年初一，"将军楼"里没有热闹的鞭炮声，也没有亲戚朋友登门拜年，邓家五口人在对亲人的牵挂中安静地度过。

孩子们陪在身边，一起读书、一起开荒种地，寒冷的初春也不知不觉过去了。到了3月，孩子们就要回到插队的地方去了，想到他们年纪尚小，还不辨是非，就要像孤雁一样分飞到千里之外，这一去不知道什么时候才能再聚，回想他们来时满面风霜、一身褴褛的样子，做父母的心像被铁手揪住了一样疼。

3月11日，飞飞离开他们回山西插队去了，送走了儿子的邓小平一夜未眠。他舍不得子女离开，牵挂着小儿子的归程，想到全国

第七章 父亲的手写信

邓小平夫妇的起居室

有无数个青年人心智尚未成熟就离开亲人、失去上学的机会，在失序的社会里长大，他的心里非常难受。这是中国的下一代啊，在这样的形势下如何能成长为合格的社会主义接班人呢？

临别时，邓小平给飞飞挑了几本书让他带上，并交代他什么时候也不能落下学习。但是还有无数的孩子荒废学业、误入歧途，没有人给他们书本，教导他们向学，引导他们向上向善。一念及此，他就无法安眠。

第二天，邓小平按照往常的作息起来洗漱，用过早餐出门，坚持去工厂劳动。心事重重的他在劳动时突然晕倒，幸好在卓琳和工人师傅们的帮助下挺过来了。

外面的形势这么乱，邓小平夫妇在江西与外界信息不通，这些子女里他们最担心的还是高位截瘫在医院治疗的大儿子邓朴方。

1970年10月中旬，邓小平接到中央通知，说邓朴方病情有所好转，决定让他出院，到江西来和父母一起生活。

这个消息非常突然，而且令人不解。按理说邓朴方的病情如此严重，怎么这么快就能出院呢？几个月前大女儿邓林来探亲时说起过，邓朴方经过治疗后确实有起色，但还处于瘫痪状态，可以自己小便，大便比较困难，行动需要人护理。到了江西，邓朴方既得不到治疗，家里只有三个年事已高的老人，他也无法得到妥善照顾。

邓小平立即写信给汪东兴说明困难，希望中央能同意邓朴方继续在医院治疗。不久北京方面传来讯息，邓朴方不来江西了。邓家人松了一口气，他们当然想亲眼看看儿子，但是目前治疗是最重要的。

然而他们并不知道，三个月后邓朴方被人闯进病房，强行抬到了北京郊外清河镇的社会救济院，和11名残疾人住在一个大屋里，靠手工编织铁丝篓子赚点零花钱。

一个星期后是1971年的春节。春节期间，邓小平的妹妹邓先群到北京探望邓朴方扑了个空，医院说他出院了。邓先群和丈夫费了好一番功夫才找到救济院。看到侄子的凄惨境况，他们赶紧给邓小平报信。

邓小平收到信后，没有任何办法，只能再次给汪东兴写信请求帮助，他在信中写道：

> 现在既然无法继续治疗，清河疗养院的条件又是如此，我们做父母的，在情感上不能丢去不理。所以我和卓琳再三考虑，觉得还是把邓朴方接到我们住地，同我们一块生活较好。
>
> 当然，把他接回来，我们三个老人在护理上是有困难的，因为他上下床都要人帮助搬动的。如果组织上能批准我们，有一个人帮助我们买买东西，做些什么，同时护理一下邓朴方，那我们是非常感激的。如果组织上认为这个要求不合理，那我们夫妇也愿意自己料理邓朴

方，因为这是我们不应回避的事情。

信件交给江西省革委会转达后，一家人度日如年，等着北京的消息。谁知一周过去后，不但没有等来好消息，反而被告知"不要再写信了"。

写信是邓小平和中央保持联系的唯一途径，就这样断了吗？这是谁的意思，是中央的还是江西的？这个信息是不是还有别的意味？而且邓朴方的事情到底怎么说？在万般疑虑和焦灼中，原则性强的邓小平选择了服从，不再写信。

转眼，春天过去了，夏天接踵而至，而北京那边仍旧没有传来任何消息。邓小平天天如常到拖拉机修造厂劳动，但他的心一直挂念着病中的大儿子。另一边，邓朴方也不甘就范，他靠着手摇轮椅，从市郊的救济院一路摇到了中南海"上访"，要求治病，结果是又被带回了救济院。

不知是汪东兴看到了信件还是邓朴方的行为起了作用，6月的一天，邓朴方被送到了江西。

四年不见的儿子坐在轮椅上，一脸落魄地被人抬到了眼前。见儿子前心里有千言万语，真见了儿子一句话也说不出口，都哽在喉咙里，眼泪模糊了视线。邓小平稳住心神，拍了拍卓琳的手，让她镇定些，这个样子孩子看了更难受。

把儿子安排在一楼黄文华隔壁住下后，三个老人重新分了工：

第七章　父亲的手写信

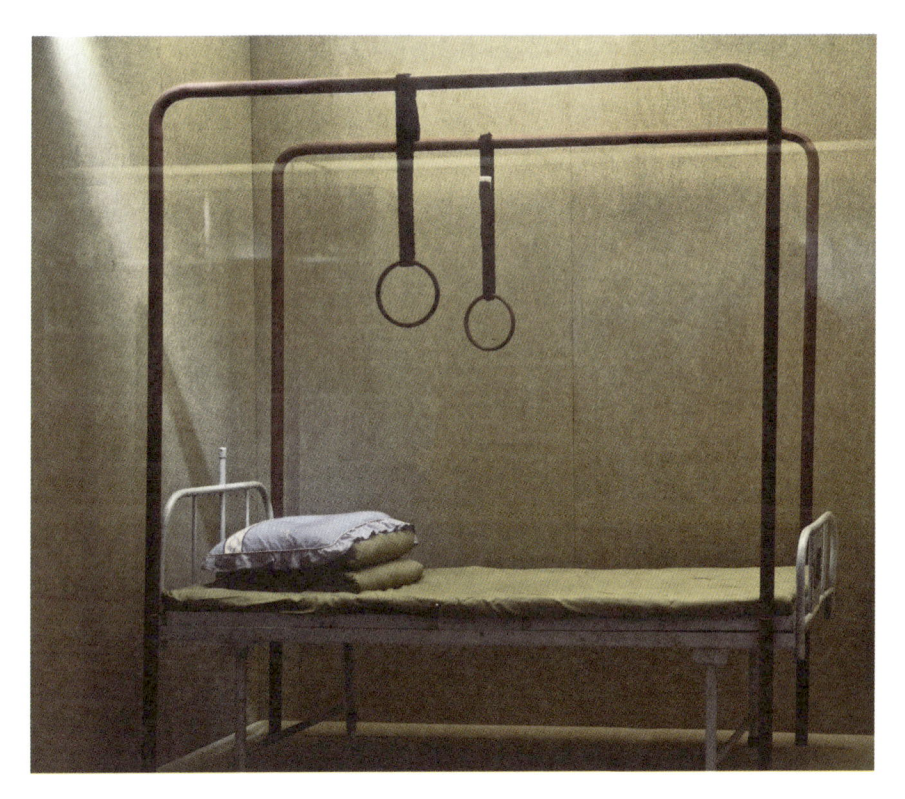

邓朴方使用过的床

依然是邓小平负担最重的活,给儿子翻身、擦澡、洗脚;卓琳不顾自己的血压给儿子倒屎倒尿、换洗垫布;夏伯根想办法换着口味给长期卧床胃口不佳的胖胖做饭送饭。有"四大火炉"之称的南昌,夏天异常闷热,木板床比体温还高。躺在床上不能动的滋味不仅难挨,还容易长疮发炎。为了不让儿子长褥疮,邓小平每天定时给儿子翻身、擦澡，再扑上痱子粉，保持干爽，晚上也定好闹钟起来数次帮他翻身。

邓朴方虽然小名叫胖胖，但身材高大，给他翻身不容易。一套动作下来，邓小平往往满头大汗，身上的汗衫也汗湿了，额头上的汗水滴在了儿子的身上。来自父亲质朴的爱让几年来受尽委屈的邓朴方眼泪夺眶而出，此时他还不知道父亲为他写信给中央的事，多年以后当邓朴方读到这些信时，泣不成声，这辈子他从来没看过硬气的父亲求别人办事，为了子女，他竟然写过这么多信。

此时邓小平已年近七十，本应该受子女照顾、颐养天年，但为了儿子，他干得心甘情愿，干得一丝不苟，甚至觉得能亲手给儿子翻身擦澡，尽一份父亲的责任，颇为欣慰和自豪。

在家人的照顾下，原本心灰意冷的邓朴方身体有所好转，心灵恢复得比身体更快。为了不让爸爸太劳累，他设计了床边吊环，邓小平请工人师傅帮忙制作安装，从此邓朴方就不用爸爸给他翻身了，平时还能锻炼一下。

邓朴方出事时正读北京大学物理系四年级，学了那么多的知识却无用武之地，邓小平担心他意志消沉，又到处找人借收音机等给他摆弄研究。

家人的呵护和温暖，激发了邓朴方对抗病魔和残酷现实的勇气，他坚持锻炼身体、学习知识，走出了一条自强的道路。

在江西期间，邓小平极为罕见地写了10封信件，纵观他的一

## 第七章 父亲的手写信

生,这是绝无仅有的。由于早年从事党的秘密工作,他养成了不随意留便条,文件不随意带走,讲话也不写讲稿,言简意赅,从来不对无关的细节进行赘述,只在头脑里记事的习惯。可是在江西时写的这些信件,固然也有对国事政务的看法和建议,但大部分都是家事,是一个老党员陷于困境之时,以个人身份向毛主席、向组织寻求帮助的方式。

邓小平的小女儿邓榕曾说:

> 在生活中,我们从小到大从未见过父亲写信,就连与他相濡以沫三十多年的妈妈,也从未见过他因家事写信。而在"文革"中间,在家庭处于困境之时,在他的家人子女需要得到关怀和帮助时,作为一家之长,为了让孩子治病,为了让孩子上学,为了孩子的工作,他会一反一贯的作风,一次又一次地拿起笔,一封又一封地写信,而且是不厌其详地写信。
>
> "文革"中,他总是觉得家人和孩子们是因为他才受到这么多的委屈和不幸,他总想尽他的能力,尽一切可能,为家人和孩子们多做点事再多做点。他从不要求孩子们为他做什么。他付出了对家人子女的全部的爱,却不要求任何回报。这是人世间最朴素的爱。估算一下,"文革"十年中,父亲所写的信,比他一生中其他八十年的统统加起来,还要多得多。

无情未必真豪杰,怜子如何不丈夫!一个伟大政治家的雄才大略固然让人无比敬仰,然而他身上流露出的朴素情感更让人动容。这是至真之情、至纯之情,也是他温暖、宽厚、强韧的人生底色的表现。正如美国小说家西奥多·德莱塞所言:"和睦的家庭空气是世界上的一种花朵,没有东西比它更温柔,没有东西比它更适宜于把一家人的天性培养得坚强、正直。"

第八章

# 邓小平的书单

# 小平小道 XIAOPING XIAODAO

"老兄，我们那几箱子书到底什么时候运过来？是不是可以问一下汪东兴主任？""将军楼"二楼起居室有两张书桌，一张归邓小平使用，一张归卓琳使用。这天卓琳见邓小平在向汪东兴写信，便开口提醒。

这是1969年冬天的一个夜晚。邓小平一家仓促来到江西，转眼一个多月过去，安置好了住处和劳动的去处，邓小平觉得是时候和党中央报告情况了。

正好这天下午，监管干事黄文华上到二楼，给邓小平和卓琳传达上级要求，让他们就到江西后的劳动和学习写一份心得体会。

对于这个出乎意料的要求，邓小平没有接受也没有明确拒绝，在安静听完黄文华的话以后，他淡淡地说了一句："有事我会给毛主席和党中央写报告。"

黄文华要求邓小平和卓琳学习《毛主席语录》，他不知道邓小平一贯倡导要系统地学习毛泽东思想，曾在多个场合狠狠驳斥过

"把毛泽东思想庸俗化"的行为。1960年3月25日，在中共中央天津会议上邓小平明确提出："对待毛泽东思想是一个很严肃的原则性的问题，不要庸俗化，庸俗化对我们不利，对国际共产主义运动也不利。"针对个人崇拜的现象，邓小平也曾精辟地阐述了领袖和集体的关系："我们党是集体领导，毛泽东同志是这个集体领导的代表人，是我们党的领袖，他的地位和作用同一般的集体领导成员是不同的。但是切不可因此把毛泽东同志和党中央分开，应该把毛泽东同志看作是党的集体领导中的一个成员，把他在我们党里头的作用说得合乎实际。"就此问题他还和《毛主席语录》的始作俑者林彪有过尖锐的交锋。

可以说，邓小平对于这本"文化大革命"时期的"红宝书"相当反感。"造反派"给他罗织的罪名里有一条"反对毛泽东思想"，指的就是他不学习《毛主席语录》。年轻的黄文华只是一名普通的地方干部，按章办事，邓小平没有怪他，只是以一句"语录字小，看不清，我学习毛主席著作"让他碰了一个软钉子。

坚持学习和研究马列主义与毛泽东思想的理论著作，是邓小平终生保持的习惯。但是来江西时他带了几大箱书，因为飞机载重的问题滞留在北京的机场，不知下落。箱子里不仅有马列著作和毛泽东著作，还有一些当时被批为"大毒草"的书籍，如果被人查出来撕了或者烧了，邓小平远在江西也是无可奈何的。

吃毕晚饭，"将军楼"二楼的灯光亮起，邓小平拿出笔和纸，给党中央汇报一个多月来在江西劳动生活的情况。卓琳在另一张桌

## 小平小道 XIAOPING XIAODAO

子做一些缝补工作,她来江西后心脏病发作,家务活也做不了,也没有其他消遣,心里还一直记挂着滞留北京的行李,于是便提醒邓小平把这个问题向北京那边反映一下。

邓小平写完信后,想了想,另拿了一张纸提笔写了几句话随信附上:

>（来江西时）因飞机超重,只带了一半东西来,还有一些衣物和书籍没有来,书籍差不多全未来,原说由火车托运,至今未到。如可能,请令有关同志查查,最好能运来,如决定留在北京,也请方便时告诉我们。

没过多久,邓小平就得到江西方面的通知,他的行李和书箱到了南昌。这可真是一个好消息,过冬的衣物正可抵御江西的寒冬,珍贵的书籍足以弥补物质生活的贫瘠。而更重要的是,行李事件的迅速解决,证明了他和中央的联系路径通畅,汪东兴不仅能收到信,还很重视邓小平的问题。

在黄文华和小贺的帮助下,从北京运来的几个沉甸甸的箱子被搬上了二楼。邓小平自己动手开箱,掀开包在书上的报纸,动作轻缓地拿出一本本让他爱不释手的图书。

从北京带来的书很多,种类丰富,除了马列主义和毛泽东思想的著作之外,还有古今中外的历史、哲学和文学著作。

第八章　邓小平的书单

邓小平偏爱的中国古典史书

我们来看看他的书单上具体都有哪些书吧：

哲学书籍如《费尔巴哈哲学著作选集》、黑格尔的《逻辑学》、康德的《判断力批判》等；

世界历史如《世界通史》《新编近代史》等；

中国历史如"二十四史"、《资治通鉴》等；

外国文学如托尔斯泰、果戈理、契诃夫、陀思妥耶夫斯基、巴尔扎克、雨果、罗曼·罗兰、大仲马、莫里哀、萧伯纳、泰戈尔、海明威等人的作品；

中国古典文学如《诗经》《红楼梦》《三国演义》《水

107

浒》《西游记》《儒林外史》《镜花缘》《西厢记》《牡丹亭》《桃花扇》等；

还有唐诗、宋词、元曲的集子，现代作家鲁迅、巴金、老舍等人的作品他也喜欢阅读。他的书架上还有出乎大众意料之外的一些技术类的书籍，如《刨工》《船舶柴油机修理工艺》《锻工手册》《锻锤基础中的橡胶垫》等。

中国古典史书邓小平一直情有独钟，特别是《资治通鉴》，不知道读了多少遍，书页都翻起毛了。他通读"二十四史"，最喜欢《三国志》，《后汉书》《新唐书》也读得较多。邓小平读金庸小说的爱好众所周知，其实古典文学比如《聊斋志异》、唐诗宋词一类的书，都是他出差时随身携带的读物，空闲时间阅读权当放松。改革开放时期，曾经有一张他视察杭州时在船上休息的照片，手里拿着的正是一本宋词。

也许是源于少年时"工业救国"理想和在江西工厂劳动的经历，邓小平对各种工具书也很有兴趣。《刨工》《船舶柴油机修理工艺》《锻工手册》这些工具书一般文人家庭的书架上很少陈列，邓小平却时常翻阅。

他对地理方面的图书也很感兴趣，出门必带《中华人民共和国地图集》和《世界地图》，每到一个地方都会翻开地图确定自己此刻身处的坐标和方位。

## 第八章 邓小平的书单

邓小平还爱看字典、辞典,他的书房里有一本中华书局 1947 年出版的《辞海》,因为经常翻看,辞典封面的硬纸壳书皮都翻掉了,只好用订书钉固定住。

外国名著邓小平也多有涉猎。1986 年 10 月 28 日,邓小平会见来访的冰岛总理。会谈中,邓小平说起自己早年读过与冰岛相关的著作:"欧洲一个著名的文学家写了一部小说叫《冰岛渔夫》,我在二十年代时就看过,了解到冰岛人民当时的生活条件相当艰苦。"随后他感叹:"现在你们干得很好,发达起来了。"《冰岛渔夫》描写了世代打鱼的渔民,每年在冰岛海面度过漫长的时间,经常葬身海底的悲惨命运。在外交场合,邓小平的博闻强识和随机应变时常给外国友人带来惊喜,让人佩服,这和他长年保持博览群书的阅读习惯分不开。

书卷多情似故人,晨昏忧乐每相亲。捧着书卷的邓小平如获至宝,在蒙难谪居的岁月里,读书既是他的精神寄托,也是他泅渡困境的利器。邓小平夫妇每天上午到工厂劳动,午饭后休息片刻,下午在菜园里侍弄侍弄菜,其余时间就是读书。悠长安静的下午,万籁俱静的夜晚,无论风雨晴雪,拿起书卷,就是珍贵的时光。甚至晚上 10 点上床后,邓小平还会在床上读一个小时的书,在知识的海洋里畅游。

南昌郊外这个寻常人不能入内的"小楼房",成了邓小平读书思考的圣地,他从书中汲取营养,思考着中国未来的道路。

在邓小平的一生中,能如此不受打扰、酣畅读书的时间并不多。

5岁进私塾开蒙读书,那时他的名字叫邓先圣,是父亲邓绍昌的长子,身上寄托了"追慕先圣、昌盛家门的"旧社会理想。私塾先生觉得这个名字对孔圣人有欠恭敬,给他改名"邓希贤",希望他成为一个贤明之士。这个名字一直跟随着他,直到1927年他在武汉进行地下工作,改名"邓小平",从此"邓小平"这个在革命事业中诞生的名字,成为伴随他终生的名字,也是20世纪中国乃至全世界最为人熟知的名字之一。

邓小平在私塾里识文断字,打下了扎实的国学基本功,还练就了一手端正的毛笔字。少年时期,父亲长年在外不理家事,家道中落的大家庭全靠母亲淡氏惨淡经营,他为了让母亲少操一点心,勤奋读书,学以致用,十岁那年在家乡四川广安留下了一个"以笔为矛、智斗恶地主"的故事。

先在乡村私塾开蒙,后在县里读新式教育的高级小学和中学(相当于现在的高中),邓小平具备了儒家经典和数学、历史、地理等科目的基础知识。

16岁那年,受到勤工俭学运动影响,邓小平在乡贤的资助和父亲的支持下,考上了留法预备班,经过一年的法语学习后,背上行囊登上了赴法国留学的船只,从此再也没有回过家。

学习法国的先进工业技术回国是少年邓小平的梦想,在抵法后选择工种的名单上,"邓小平"一栏内注明的工种是"铸铁"。然

第八章 邓小平的书单

1921年3月，邓小平赴法勤工俭学时在里昂留影

而第一次世界大战之后的法国经济萧条，就业困难，已经不再是留学生能学习先进知识的理想国。他在法国的巴耶中学读了5个月的书后，因国内留学资助费用取消，邓小平无法负担每月244.65法郎的学杂费，只能辍学到各个工厂里做工，获得的酬劳连勉强维持生计都困难，更别提攒钱读书了。一年后邓小平以极大的毅力和节衣缩食（每天只吃两顿面包，喝自来水）的代价有了一笔小小的积蓄，加上父亲寄来的钱，他想办法进入夏狄戎学院读书，但是3个月后他没办法支付学费，又只能退学进入工厂做工。

留学梦化为泡影，他经留法班同学的介绍加入了由共产主义信仰者组织的学习小组，接触了大量马克思主义的书籍，有《共产党宣言》《共产主义ABC》等。这些书籍成了邓小平的"入门老师"，并且常读常新。他曾分享自己的读书心得："学马列要精，要管用。"当时《新青年》杂志主办人陈独秀的两个儿子也在法国留学，他有机会阅读了这些进步杂志，被其中的内容深深打动。

到法国三年后，邓小平作为一名积极分子来到巴黎，进入旅欧中国共产主义青年团，在周恩来的领导下工作，主要任务是负责机关报刊（创刊名字为《少年》，后更名《赤光》）的刻版印刷。他白天做工，晚上则在周恩来改好稿件之后，在蜡纸上一笔一画端正地把文稿刻写出来，然后用一台简易印刷机印出装订。

通过大量阅读进步作品、通宵达旦地刻印稿件和观摩改稿，邓小平在周恩来等人的帮助下快速成长，很快他开始在《赤光》杂志上发表文章，以笔为武器，把《赤光》杂志打造成"奋斗的先锋"。

这些署名"希贤"的文章如《请看反革命的青年党之大肆其捏造》(1924年11月第18期,是他生病期间写的)、《请看国际帝国主义之阴谋》、《请看〈先声〉周报之第四批造谣的新闻》(1925年1月第21、22期合刊),篇幅短小、思想进步、言辞犀利、个性十足,如一把把锋利的匕首掷向敌方的阵营。邓小平一生都保持着这种简练、干脆的文风,不说废话,直击要害。毛泽东曾经评价说看邓小平的报告好像吃冰糖葫芦。

1926年1月,为躲避法国警察的追捕,组织安排22岁的邓小平以中共旅欧支部执行委员的身份到苏联学习。邓小平取了俄语名字"多佐罗夫",先后进入莫斯科东方劳动者共产主义大学和莫斯科中山大学学习革命理论和军事知识。

面对新世界、新知识,邓小平浑身充满干劲,他的学习目的很明确,就是为了"弄清楚什么是共产主义"。在中山大学的入学调查表里他填写个人履历时写道:

> 我过去在西欧团体工作时,每每感到能力的不足,以致往往发生错误,因此我便早有来俄学习的决心……
> 我能留俄一天,我便要努力研究一天,务使自己对于共产主义有一个相当的认识……
> 我来俄的志愿,尤其是要来受铁的纪律的训练,共产主义的洗礼,把我的思想行动都成为一贯的共产主义

邓小平在法期间参与编印的刊物《赤光》

化。我来莫（斯科）的时候，便已打定主意，更坚决的把我的身子交给我们的党，交给本阶级。从此以后，我愿意绝对的受党的训练，听党的指挥，始终为无产阶级的利益而争斗！

在中山大学，邓小平进入了被评价为"政治上最强，斗争最激烈，人才最集中的一个班"的"理论家班"第七班学习，课程涵盖了俄语、社会形态发展史（马克思主义史学）、中国革命运动史、东西方革命运动史、联共（布）历史、经济学、政治经济学、党的建设、军事事务以及新闻学等内容。

班上的同学都是在校学习的国共两党党员中有影响、有政治前途的学员，比如蒋介石的儿子蒋经国、汪精卫的外甥陈春圃、于右任的女婿屈武、冯玉祥的三个子女。在大学里，邓小平既没有维持生计的窘迫，也没有法警追捕的危险，他一头扎进图书馆学习理论，积极参加党小组的活动，因表现突出，被选为第七党小组的组长。他爽朗乐观，富有革命斗争精神，深受同学们的喜爱和信任。

课余学生们经常组织讨论有关中国革命的一些课题，邓小平反应敏捷、语言犀利，在和国民党右派学生进行激烈辩论时常常占上风，博得了蒋经国等人的尊敬。由于他口才了得、谈风雄健，还得了一个"小钢炮"的外号。

中山大学的学制是两年，但是邓小平只学了8个月就因国内革命形势的需要提前回国了。中山大学党委在邓小平的总结鉴定中写道:"非常积极且精力充沛。一名优秀的党务工作者,沉着守纪,学业名列前茅。训练有素。"

邓小平在法国和苏联的学习和实践中,奠定了良好的马克思主义理论功底,有机会观察一个现代国家的工商业发展状况和第一个社会主义国家如何进行现代化、洞察世界发展形势和国际共产主义运动的方式。此后的工作中他起草文件和工作报告、经验总结、讲话稿等,从来都是自己动手,不用稿子就能做一个小时左右条理分明的讲话,且言简意赅,观点鲜明,深得同志们的好评。毛泽东曾把他称为"会走路的百科全书"。邓小平起草的给中央的报告,多次被毛泽东视为有创见而批转给各中央局、各解放区参照执行。从那时起,邓小平培养出一种看问题的独特眼光,能够从一个统领全局的高度思考如何将理论加以落实、如何用理论来影响社会。

邓小平早年的经历更重要的是淬炼了他坚定的革命信念和政治品格。无论是面对艰难的革命环境,还是个人政治生涯中三次被打倒的境遇,甚至面临世界社会主义运动出现的低潮,邓小平对马克思主义的理想信念从来都没有怀疑过、动摇过。1986年,美国记者华莱士采访邓小平,邓小平说:"我是个马克思主义者。我一直遵循马克思主义的基本原则。马克思主义,另一个词叫共产主义。我们过去干革命,打天下,建立中华人民共和国,就因为有这个信念,有这个理想。"

在紧张的革命和建设年代里,邓小平也很注重读书学习。他的老同事刘复之曾经说："他（邓小平）好读书，在艰苦的战争岁月，我几次在行军出发前整理文件挑子，箱子里总装几本书，有马列的书，也有小说。我清楚记得有一本是列夫·托尔斯泰的《战争与和平》。"邓小平还常劝身边的战士读书："要能打仗，也要补上文化这一课。"

通过学习，把书本上的知识运用于解决问题、服务工作，是邓小平的学习之道。邓小平的秘书说：首长每天都要读大量的文电、资料和书籍，包括国外的很多资料，从不间断，所以他总有比常人更高的眼界，总能提出一些新概念、新提法，例如"有中国特色的社会主义"等，这些名词改变了中国，并融入了中国百姓的日常生

劳动之余，邓小平在住所读的一些书籍

活。

研究邓小平的专家认为,邓小平从江西回到北京后,立马着手"整顿"、扭转国家经济状况,以雷霆之势颁布一系列举措,效果立竿见影,足见他"心里有一盘棋"。这和他在江西时的学习、思考是密不可分的。他复出后所发表的讲话与之前相比,不仅时有对中外历史的精辟见解,在视野广阔度和思考深度上都有所突破,可见在江西的三年对他产生了深远影响。

第九章

# 和工友们在一起

## 小平小道  XIAOPING XIAODAO

"同志们好!"

每天上午8时许,听到这一声带着四川腔调的爽朗招呼,新建县拖拉机修造厂修理车间的工人们就知道,老邓来了。

进入车间一声"同志们好",离开车间一声"明天见",简短的两句问候,每日如此,一年如此,三年如此,给工人师傅们留下了深刻的印象。

"可亲,给人的感觉是非常可亲,不仅是穿衣裳朴实,"工人涂宗礼回忆,"小平同志的性格非常温和、谦逊,他始终坚守原则,从不搞特殊化。"如果哪个工友有一两天没来车间,等下一次见面时,邓小平还会过去关心关心:"这几天怎么没有来?是不是生病了?"冬天的时候邓小平来劳动,外套里面就是一件毛线衣,从没穿过棉袄,进了车间活动一下,就脱下外套开始干活。工友们好几次说要给他搞点木炭烤火,他都说不需要。夏天的南昌阳光强烈、空气闷热,车间就像蒸笼一样,站着不动都要出一身汗,厂领导提出给邓小平专门准备一台小风扇，也被他拒绝了。不搞特殊化，是邓小平和工人师傅们建立亲密关系的基础。

涂宗礼印象最深的事情，是有一次自己在锉螺丝时，因为力气使猛了，不小心将铁屑溅到了相邻工位邓小平的脸上。涂宗礼侧头一看，邓小平捂住了眼睛。坏了，不会溅到眼睛里去了吧？当时涂宗礼就吓着了，冷汗唰一下就往外冒：眼睛多脆弱啊，老邓可是中央来的，千万不能出事。他赶紧上前察看情况，但邓小平却只是抹了抹眼角说"没得事，没得事"，还安慰他"不要担心"。

年过 65 岁的邓小平是整个车间年纪最大的"工人"，按理早应该退休了。按照中国人的敬老传统，即使罗朋和陶端缙不因为他的身份而特殊照顾，以老邓的年纪资历也应对他另眼相待。罗朋在自己办公室旁边留了一间房子供邓小平休息，他从来没去过；陶端缙在他工位旁边放了一把椅子，让他累了就坐下来歇一歇，他也没坐过。有时看邓小平累得满头大汗，工人们劝他休息一会儿，他笑着说："劳动劳动挺好的，出身毛毛汗，身体很舒服。我在这里劳动，饭量增加了，体重也增加了，我看能多活 10 年。"

有一次卓琳在旁边看邓小平从进车间起一直干个不停，就悄悄走过去提醒他歇一下，邓小平和爱人交了底："不是不坐。一坐下来，我就站不起来了。"

工厂劳动对邓小平来说并不是非常轻松的工作，但是他坚持无事不请假、等闲不缺勤，不仅风雨无阻、不拒寒暑，而且干起活来认真、卖力。常常是酷暑干得汗出如浆，湿透前胸后背；严冬也干到满头大汗，热气蒸腾。

和邓小平"形影不离"的监管干部黄文华，对于邓小平的劳动热情不太理解。在他的认知里，邓小平到江西来的性质属于"下放"，去工厂劳动属于一种体罚，那个充满着机械轰鸣声、弥漫着油污和汗味的车间，一般人都不愿意长时间待下去，何况一个曾经当过国家领导干部的人！

黄文华不了解邓小平的心思。从1952年邓小平进入中央工作到来江西，他一直忙于党和国家的重要工作，虽然少不了到全国各地去调研考察，但是像现在这样和群众一起工作、一起没有隔阂地聊天交心的机会是很少的。特别是"文化大革命"以来，他身份敏感，不是被幽禁在中南海里面，就是被监管在"将军楼"，到工厂劳动是他和卓琳可以出来接触群众、了解实情的唯一途径。

到江西的这段时间，当地干部和群众的朴实和真诚，对邓小平的保护和帮助，让他非常感动。他希望能够密切地联系群众、深入地了解群众，还要随时听取群众的呼声，了解群众的情绪，真正做到从群众中来，到群众中去。

邓小平在工厂看到工人师傅们辛苦工作，效益却不高，大家经济紧张，日子过得紧巴巴的。

有一天上午快到11点半了，邓小平和卓琳收拾东西准备回去，走出车间却听到有孩子的哭声。他们抬起头一看，是厂里的庄师傅正在教训孩子。卓琳赶忙走过去一把将庄师傅拉开，问究竟是怎么

## 第九章 和工友们在一起

一回事。邓小平在一旁心里很奇怪,这个庄师傅平时是很疼爱自家孩子的,今天怎么还打起孩子来了?庄师傅叹了一口气,说孩子太不小心了,这个月好不容易买了两块豆腐,竟然被摔掉了。

在那个时期,粮食和副食品供应不足,生活物资条件紧张,日用副食品和煤、大米等都要凭票供应。当时新建县拖拉机修造厂每家每月最多只能买到两块豆腐,孩子拿着豆腐高兴地捧过来给爸爸看,一个不小心就摔掉了。一向心疼孩子的庄师傅一看孩子没事,两块豆腐却摔得稀碎,心里疼坏了,一生气就打了孩子两下。邓小平他们过来一劝,庄师傅哄了哄孩子,又把摔碎的豆腐捧起来,和孩子回家去了。

看着庄师傅与孩子回家的背影,邓小平心里久久不能平静,到了家里还想着这件事,他问自己:"社会主义已经搞了20多年,老百姓还过着这样的日子。难道我们干一辈子的革命,就换来这样的社会主义?"

1971年夏天,高位截瘫的大儿子邓朴方来到了江西,邓小平和卓琳亲自护理他。看着北京大学物理系的高才生如今只能一天到晚躺在床上,邓小平想给儿子找点活干,让他振作起来。

那天,陶端缙和往常一样到车间上班,他一进去,邓小平就过来找他说话。陶端缙心里觉得有些异样,邓小平很少主动找工人们说话。只见邓小平走过来有些不好意思地问:"陶排长,厂里有没有电机方面的工作?"

小平小道　XIAOPING XIAODAO

邓家当年使用的收音机

　　这个问题让陶端缙有点意外，他老老实实地回答"没有"。邓小平又问他："那有没有无线电和收音机方面的小电器维修的活儿？"

　　陶端缙忍不住了，说："老邓啊，我们厂里只有拖拉机的修配工作，你说的这些活儿都没有。你今天是怎么了？怎么突然问起这些了？"

　　邓小平笑了笑，解释说："我们家胖胖是学这方面技术的，孩子每天在家里闷得很，我想给他找点事做。"

　　陶端缙知道邓小平家里的情况，邓朴方在"将军楼"的床架和吊环还是他领着工人们去安装的。他也是个父亲，明白邓小平的用心，可惜厂里没有这方面的工作，实在帮不上忙。

　　邓小平又问陶端缙家里有没有坏掉的收音机，可以让邓朴方给修一修。

心直口快的陶端缙和邓小平一起工作两年了，和他说话不打弯："我一个月四五十来块钱的收入，家里有四个细伢崽（小孩），还有老人，哪里买得起收音机啊！"

邓小平怔了一下，点点头说："我知道，像你们这样年纪的工人结了婚，成了家，家里有父母有小孩，生活是不宽裕的。"他停下来，略带思索又似乎是自言自语地说："这些问题要慢慢来，还是要发展生产。"说完他和陶端缙招呼一声，就回到工位上开始干活了。邓小平说话时脸上凝重的神情，陶端缙几十年都忘不了，当时他并不能理解这几句话的含义，几十年后才明白这几句话的分量有多重。

在车间主任陶端缙的记忆里，邓小平"冬天，不管天气多冷，他都出一身汗。从后背到裤腰带，全是汗水。好卖力的"。他印象里邓小平进了车间就将外套一脱，只穿着背心，"那个胳膊，那个手臂，一用劲就鼓起来，肌肉发达得很"。邓小平工作常常干得满头大汗，一站一上午，中途不歇气。有些工人偶尔会到车间外抽根烟缓一缓再进来，邓小平却从来没有出去过。一开始大家还以为他不抽烟，后来大家才知道他的烟瘾其实是非常大的，几个小时不抽烟会非常难受，但是邓小平以惊人的毅力坚持住了。

修理车间每个月要组装40辆拖车，邓小平负责给这些拖车加工各种形状的螺丝和零件。厂里让他干多少算多少，但他对自己的要求很高，基本工作量和其他工人一样，而且很少出废品、次品。

手头上的事做完了，他还会找陶端缙要求安排新的活计。工人师傅们比对过，邓小平已经达到了四级钳工的水平。

邓小平曾经加工过轮胎螺栓和车厢门板的零件，这两种零件加工、修整的工作量都很大，但邓小平上手很快，加工起来又标准又利索，有一天竟然出现了毛坯供应不上而停工待料的事情。一个曾经的国家领导人干技术工还能干得这样好，态度又认真，工人们从心底里服他。对于工人师傅的夸赞，邓小平只是笑着摇摇头，说自己是"老把式"，四十多年前在法国留学时在工厂里干过。接着他又说，40年前法国工厂是这一套，40年后中国工厂还是这一套，看来我们比人家落后差不多40年。

邓小平对技术工作非常看重，他在劳动中时常留心观察工厂技术有没有进步的空间。有一天，工厂派了一名技术员余克钧到车间来配制一件新模具。新模具由一个绞手主体、两个"X"形夹块和两个手柄组成，全部利用废料加工而成，使用起来可成倍地提高加工零件的效率。陶端缙把技术员带到邓小平的工作台，让邓小平配合技术员工作。

邓小平一听说技术员是大学毕业生，就关切地问："你是哪个大学毕业的？学的啥子专业？"

余克钧回答："天津工学院，学的是内燃机设计和制造专业。"他告诉邓小平，大学毕业后，一开始分配在南昌柴油机械厂技术科当技术员，"文化大革命"后，就从南昌市下放到新建县拖拉机修造厂当技术员了。

在谈话中，邓小平了解到技术工作在这个工厂里没有多少用武之地，技术员大半时间都只能做些非技术工作，余克钧自己也干得不太起劲，觉得没前途。

邓小平对于技术员不能发挥特长的苦闷很理解也很同情，给余克钧带来很大的安慰，这让他干活比以前劲头大得多。两个人合作制作新模具，余克钧设计模具并做毛坯，邓小平根据设计要求打磨，让它在尺寸、形状、精细度上符合设计要求。两个人经过两个多星期的合作，成功完成了这种攻丝绞手工夹具的制作。

工人师傅们一上手，对这个省时省力还高效的工具都赞不绝口。有些工人看见邓小平一直在打磨，就夸奖他："老邓干得真不错！"

邓小平摆摆手："都是技术员的点子，应该表扬他。"

余克钧离开车间时，邓小平语重心长地对他说："技术是很有用的。"

邓小平在拖拉机修造厂和工人们几乎天天在一起劳动，渐渐结下了深厚的情谊。到江西的第二年因为工资停发，改发生活费，邓小平一家开荒种地，省吃俭用，经常请工人师傅们帮忙，来往更密切了。家里的搪瓷脸盆破洞漏水，邓小平舍不得买新的，就拿到厂里请工友帮忙焊上；邓小平每餐都爱喝酒，喝不起白酒，卓琳就请教工友怎么做江西当地自家酿的糯米酒，给邓小平解解馋；邓小平的大儿子邓朴方被送到江西来，高位截瘫不能翻身，也是工人师傅们到邓小平家里，给邓朴方床头安装吊环，让他可以拉着吊环自己翻身……

和邓小平、卓琳一起劳动，工友们经常向他们请教一些平时自己想不通的事情。有时厂里读报纸，很多国际国内大事，工人们看不明白，就悄悄在聊天的时候问邓小平："西哈努克亲王在我们国家已是常客，为什么广播里反反复复地宣传，报纸上头版头条地刊登？"邓小平回答说："表明我们国家对柬埔寨进一步的支持。"说罢又重复一遍："进一步向全世界证明，我们中国人民对柬埔寨人民是真心实意地支持。"

邓小平到江西来的名义是"战备疏散"，为的是应对中苏关系紧张，尤其是他来的那年发生了"珍宝岛事件"。当时报刊上经常会有苏联在边境屯兵百万，部署两万辆坦克、两千架飞机之类的报道，工人们有一天就聊起了这个话题。有人说打不起来，有人说马上就会开仗，双方争持不下。邓小平在旁边一边干活，一边默默听着。工人们虽然不知道邓小平曾经在苏联留学并参加过中苏论战，但是都觉得他肯定对国家大事懂得多。

有工人就凑到他边上问："老邓，听说苏联坦克成千上万地停在我国边境，我们和苏联会打仗吗？"邓小平笑了笑，说："中苏战争是打不起来的。"

"为什么打不起来？"

邓小平放下手中的工具，竖起指头比画着说："第一，中国人民和苏联人民是不会答应的。第二,他打我们,别人不会打他吗?国际上有压力。第三,一旦打起来,我们也不用怕。屯兵百万是装样子的,两万辆坦克又怎么样?常规战争一比一,最顽固的战争二比一。三个战士对付一辆坦克,六万战士让他们有来无回!"

简明扼要的几句话,精辟又形象,老邓真是了不起,胸中装着百万雄兵还能从容不迫锉螺丝。大家听了信心倍增,对他更加心悦诚服。

就在这个车间里,曾经发生过一件让邓家人和工人们都难忘的事情,那时邓小平刚来江西还不到半年。

1970 年 3 月 12 日,刚出正月没多久,春寒料峭,邓小平照常到工厂上工,进车间时他依然是那一句"同志们好",走到自己的工作台。当时工友们觉得他似乎比往常脸色要苍白些,但神情依然平静。大家不知道就在前一天,邓小平刚刚送别小儿子回山西插队,马上小女儿也要走了。自从被打倒以后,邓小平就再也没见过孩子们了,他的五个孩子因为他经历了各种磨难和坎坷。在江西过第一个春节时,终于见到了许久未见的小女儿和小儿子,其他三个孩子都无法见面,其中大儿子躺在医院情况不明,大女儿身体不好,二女儿难通音讯。

风雨如晦的日子里,懵懂的孩童一眨眼成了青年,孩子们三年间经历的各种动荡和全国各地的乱象让邓小平震惊。短短的相聚之后,孩子们的离开让邓小平彻夜难眠。令他痛苦的不仅是亲情难舍，还有下一代未知的命运和难卜的未来。

把这些无法宣之于口的痛苦深藏心底，邓小平坚持出门劳动，准备化悲痛为力量，在劳动中消化自己的情绪。他毕竟上了年纪，又没休息好，突然一阵眩晕向他袭来，他身子晃了晃，眼前一黑，晕倒在了工作台上。附近的工友们吓了一跳，纷纷放下手上的活计，过来察看。只见邓小平眼睛紧闭，脸色发黑，非常吓人。

"怎么了怎么了？"

"老邓发病了，赶紧送医院。"

工友们拥上去把他扶起来，卓琳和女工人也跑过来。卓琳看邓小平失去意识，坐也坐不住，赶紧让大家散开一些，慢慢把他放下来躺着，自己则抱着他的头，让他枕在自己腿上。有人立马去通知邓小平的监管干部黄文华，那天凑巧工厂领导罗朋外出，工厂的小汽车随之调走了，医院所在的地方也不近，一时大家都急了。

好在卓琳随军多年，对邓小平的身体也很了解，当即判断他是低血糖发作。她问工人师傅们能不能弄到糖，不管白糖红糖都可以。那时候糖也需要凭票购买，一般的家庭逢年过节才去买糖。还好卓琳在电工班的"师父"——青年女工程红杏说自己家里有。卓琳请她泡杯糖水，要浓一点。程红杏立刻跑回家，泡了一杯浓浓的糖水端到车间。

卓琳在大家的帮忙下给邓小平喂糖水，还好糖水喂进去了，过了一会儿邓小平慢慢苏醒过来，脸色也没有那么难看了。陶端缙问他要不要去医院，邓小平说回家休息就可以了。

第九章 和工友们在一起

怎么送邓小平回家也是个问题，他现在虚弱得走不动，头还在发晕，卓琳建议最好减少晃动。厂里没有小汽车，到县里去调车还要临时打报告找领导，时间上来不及。当时厂里只有两辆修好的拖拉机，刚好陶端缙会开，就把其中一辆丰收-27型拖拉机卸掉车斗，只保留车头开到车间门口，充当救护车。大家帮忙把小平同志慢慢地抬进拖拉机，卓琳抱着他，陶端缙开拖拉机将他们送回"将军楼"。

拖拉机开起来颠簸，为了保持平稳，走路二十多分钟的路程，

送邓小平回家的拖拉机车头

陶端缙开了约半个小时。邓小平同志在江西劳动的三年多里仅此一次使用的交通工具，就是这辆拖拉机。

邓小平在家里休息了几天，等到去劳动时，卓琳带上一大包白糖还给程红杏。程红杏推辞不要："不要还，不要还，一碗糖水，要得了多少糖。"卓琳坚持递给她，笑着和她说："我们有三大纪律八项注意，借了东西一定要还的。下次我再好好谢谢你。"程红杏不好推辞了，就接过来，等喝水的时候给大家倒上："老邓和老卓请大家喝糖水。"工人们都欣然接受，一边喝着糖水，一边跟邓小平和卓琳道谢，车间里气氛一片和谐。

邓小平、卓琳到江西来劳动，在与淳朴善良的工人们的相处中，获得了温暖、尊重和关怀。在那个特殊的年代，远离政治旋涡，走进群众中间，一起出汗出力，同频共振，既能解脱重负，也能获得深厚滋养。在与工人们的交往中，邓小平真切了解了基层普通群众的生活状况和思想认识，而他也给工人们、给江西留下了一笔极为宝贵的精神遗产。

第十章

# 一条特殊的小道

## 小平小道　XIAOPING XIAODAO

　　这是一条乡村田野常见的田埂小路，在小片的不规则水田和红薯花生地之间蜿蜒，弯弯曲曲，高低不平。原本是插脚都困难的田埂，经过日复一日、年复一年的踩踏之后，渐渐走出了一条可容一两人通行的小路。窄窄的路面两侧蔓生着茂盛的牛筋草、蒲公英、车前草等野草，中间红土裸露，被踩得光溜结实。路面上曾经被人细心地铺上煤炉废渣，好让走路的人不容易打滑，因年头太久，已难寻痕迹。小路从新建县望城岗的南昌步兵学校大门口一侧，通往新建县拖拉机修造厂。

　　春天，水田里波光粼粼，红薯花生地里的嫩芽破土而出。小路两旁，嫩绿的野草和野花随风摇曳，给这条小路增添了一抹生机。村民们沿着这条小路，或挑着农具，或牵着牛，开始一年的耕作，老人们在路边地里挑拣出苦菜和荠菜回家做菜。小路的一头伸进拖拉机修造厂内，高大的樟树和泡桐抽出新芽，嫩绿的新叶在阳光下闪着光。一片竹林里，新笋破土而出，生机勃勃。春风拂过，带

第十章 一条特殊的小道

来一阵清新的泥土气息,夹杂着淡淡的花香,令人心旷神怡。

夏季烈日炎炎,水田里的稻秧油绿茁壮,花生也开出了黄色的小花。晴时小路在烈日下显得格外干燥、灼热,快步走过灰尘扬起,一场雨后异常泥泞湿滑。

秋天水田里金黄一片,红薯花生地里硕果累累。村民们沿着这条小路,忙着收割稻子,挖红薯和花生。走在小路上的脚步格外沉重,也格外欢快。

冬天的水田和红薯花生地都进入了休眠期,连野草也全部枯萎,但小路依然静静地躺在那里,等待着春天的再次到来。

这条田埂小路,每一个脚步都记录着辛勤和付出,每一个脚印都诉说着人们的故事和记忆。虽然简单朴素,但充满了生活的气息和情感的温度。

邓小平便是在这条小路上来往的其中一位。他和卓琳、黄文华每天沿着这条田埂上的小路往返,四季更迭,风景变换,他的心情也随之起伏。看着新芽吐露,花朵绽放,风中吹来泥土的芬芳,耳边传来撒种的声响,他的心中也充满了希望和喜悦。当树叶变得斑斓,稻田里镰刀唰唰收割希望,筐子里的红薯还带着泥土,碰上挑着担子的村民从小路上经过,他总是早早就侧身让他们先走,嘴角露出笑意,有时还要问上几句收成,听他们分享秋天的收获。

酷暑与寒冬就不好过了,晴天顶着大日头暴晒,雨天淋得裤脚透湿,冬天的寒风最难对付,裹紧围巾和帽子也挡不住,寒气直往

## 小平小道  XIAOPING XIAODAO

这是一条乡村田野常见的田埂小路——小平小道

## 第十章 一条特殊的小道

人衣服里灌。

这条小路是邓小平和卓琳每日到工厂劳动必经的路，原本从他们居住的南昌步兵学校到工厂，沿着大路走约3公里，要走40多分钟，路上人来人往，途中经过一个长途汽车站和一个菜市场。他们劳动没多久，拖拉机修造厂的罗朋就发现了这个问题，两位老人劳动半天，往返就耗时一个半小时，对老人家的体力是一个不必要的损耗，而且路上行人多，也是一个安全隐患，万一有人认出了邓小平，引起围观就麻烦了。

罗朋把周围走了一遍，发现在南昌步兵学校和拖拉机修造厂之间是一片荒坡田野，耕种施肥的村民沿着田埂来往，如果从步兵学校大门直接插到这里，相当于走捷径，要节省一半的时间。只是到了这里还要从工厂前门进来的话又要绕路了，怎么办？他沿着工厂外的小道走了几圈，想到了一个主意，在工厂后墙对着步兵学校的方向开一个小门，不但不需要绕路，还能再节省一点时间。

罗朋把这个想法和厂里的党员小组一说，大家都赞成。征得黄文华的同意以后，罗朋带了40多号工人，挑一个晴朗的天气，砸破土墙开小门，把原先细窄、时有断续的田埂扩充了一点，该铺土铺土，该垫石头垫石头，整得结结实实，保证安全又方便。果然，邓小平和卓琳走这条田埂路到工厂来，距离大约1.5公里，只需要20多分钟，节省了将近一半的时间。邓小平很高兴，不仅省时省力，还能在田埂路上看到村民们精耕细作，有时他停下来和群众聊聊天，了解了解田地里的收成，心情舒畅。

## 小平小道 XIAOPING XIAODAO

新建县省庄村里还流传着这么一个故事——夏天六七月，正是花生开花的时候，黄色的蝶状小花簇生在叶下，一开就是个把月。邓小平从工厂劳动半天出来，眼睛有点疲劳，他突然发现地里开出了一大片的小黄花，看着有点陌生，就停下来问地里锄草的大姐："这是什么作物？"大姐告诉他："是花生。"邓小平笑了："花生我是认得的，我还种过。时间太久了，我都忘记花生开花是什么样了，还是要多学习、多请教啊。"

江西多雨，尤其是秋季阴雨连绵，一下起来就不断弦，有时甚至连月下雨。刚铺垫好的田埂小路怕雨，连续下个两三天，泥巴搭泥巴，鞋上沾得到处都是不说，还最容易打滑。这天邓小平走进车间，裤腿上都是泥巴，工人师傅们一看就知道肯定是摔跤了。

"老邓，摔跤了啊，有没有摔到哪里？"

"没得事，没得事，就是滑了一下。"

"一定要注意安全啊。"

老人最怕摔跤，要是磕到头可就麻烦了。工人师傅们背后合计，给邓小平修这条路是为了方便他，要是给他造成麻烦还不如不修呢。大家商量怎么办，有人说泥巴路上铺一层河砂是最好的，又有人说河砂好是好，但没地方挖，厂里离大河有点远。有人说要不还是改走大路算了，至少不容易摔跤。这时有工友提出来厂里烧炉子有废弃的炉渣，炉渣吸水，把炉渣敲碎了铺在路上，跟河砂的效果差不多，不容易打滑。大家一听，觉得这个主意好，家家都烧煤炉，也都有炉渣，要是厂里的炉渣不够，再从家里带点来。

## 第十章 一条特殊的小道

大家说干就干，第二天下班了就从家里带了炉渣，还有铁锹、铲子，把炉渣碾碎铺在田埂小路上。虽然小路只有1.5公里长，走起来只要20多分钟，但均匀铺上炉渣却花了好几个小时。好在人多力量大，赶在天黑之前，红土地上的一条"黑色炉渣路"就全部铺好了。

第二天一早，邓小平和卓琳吃过早饭，从"将军楼"里匆匆前往工厂，他们走过步兵学校的操场，走出步兵学校的大门，向左转弯，卓琳提醒邓小平"走慢一点，路滑容易摔跤，你可不能再摔了"。转过去之后，呈现在他们面前的是一条铺满了黑色煤炉渣的小路，这条路静静地守候在田野和荒草中，那么显眼又那么暖心。

卓琳没说完的话含在了嘴里，她激动地上前攥住了邓小平的手，邓小平拍了拍她的手，他们对视一眼，都明白了这条路的来源。

这是一条江西人民用良知与淳朴构筑的小路，是一条不宣之于口而发自于心的关切之路。这样的路邓小平并不陌生，他在赣南苏区曾经给老百姓修过，他在长征路上曾经和同志们走过，他在战场的大后方无数次体验过，这是来自群众的路，也是走向群众的路。

邓小平就是走着这样的路离开家乡，飘零大洋另一头留法，加入旅欧中国共产主义青年团，踏上了他奋斗一生的革命历程。他也是走着这样的路回国领导百色起义、龙州起义，创建红七军和红八军，成为中国人民解放军的主要领导人之一。走着这样的路他参加

139

**小平小道**  XIAOPING XIAODAO

八路军政治部副主任邓小平

## 第十章 一条特殊的小道

长征，太行抗日，九战九捷，打出了刘邓大军的威名。再往后，强渡黄河，千里挺进大别山；以少胜多，吃掉了三大战役中规模最大的淮海决战这锅夹生饭。再往后，渡江作战解放南京和上海；率千军万马拿下大西南，完成中国大陆的解放。还是走着这样的路，他登上天安门城楼，当中央秘书长，当国务院副总理，当中央政治局常委，当中央总书记。

走啊走啊，踏平荆棘坎坷，走遍南北东西，不管走在前方还是后方，走在中央还是地方，是万人簇拥还是茕茕独行，他从来没有忘记自己为什么出发，为谁日月兼程，脚下的路是谁铺就，他也没忘记当他积足力量之后，又要为谁修一条大不一样的路。

走在铺好的炉渣小道上，脚踩上炉渣发出沙沙的摩擦声，雨水滴下，炉渣的颜色黑得发亮，在泥泞难行的路上给行人隔出一层保护垫。沙沙，沙沙，悦耳的声音伴随一路，仿佛一曲单调却隽永的歌谣，赞美人性中朴素而平凡的闪光。

每天早上 7 点 35 分，中午 11 点 30 分，邓小平的身影都会出现在这条小道上。晴戴草帽雨撑伞，一身工装配胶鞋，邓小平的步子越走越踏实，身体越走越健旺，他始终积极思考着中国未来的发展道路，并为此蛰伏等待、韬光养晦。

江西三年，邓小平在避居一隅的"桃花源"里不断学习、思考、提高，积极地锻炼身体，为后来领导改革开放做了充分的智力和体力准备。正如一位老同志所说："特殊时期，江西军民保护了小平同志，让他得以充分了解中国国情，得以从容地去思考问题。江西既是中国革命和建设的源头，更是福地。"

每天坚持走路上班，上午劳动，下午打理菜园、劈柴、砸煤、读书、看报、听广播，晚餐后邓小平就在院子里绕着小楼散步，一走就是40多圈。经年累月边走边思考，在草坪上踩出一道浅浅痕迹的小道。他的生活作息规律，冬天也坚持用冷水洗脸、擦头、擦身体，他和孩子们开玩笑说："这叫以冷制冷，冬天洗冷水澡就不怕冷，而且可以预防感冒不生病。"宽松的环境、积极的心态和坚强的意志让邓小平的身体得到了锻炼和恢复。刚到江西时，邓小平身心疲惫，每天服用安眠药才能入睡；到江西一个多月以后，他宣布从1970年1月1日起，不吃安眠药了。这是一个身体转好的信号，也是一个有信心走出低谷的象征。果然，从那以后他的身体就一天比一天好起来了。

有一天，邓小平在从拖拉机修造厂回去的路上对黄文华说，在江西劳动"先做一个五年计划，不够就再加五年，我这个身体估计还可以坚持十年"。

据邓榕说，邓小平在北京挨批的时间里身体消瘦、面容憔悴，到了江西后体重又开始增加，活动增加，一改刚来时的瘦削和憔悴，人胖了一些，精神也好了很多，多年来吃安眠药入睡的习惯也改掉了。

健康的身体保证了邓小平为党和国家继续工作，在1973年他接到中央的回京通知后，他感慨地说："我还可以干20年。"事实

通往拖拉机修造厂侧门的小平小道

上,邓小平回京后,又为党工作了 20 年。这是他人生经历中最辉煌的 20 年,也是受到国内外评价最高的 20 年。

按照步数计算,邓小平每天往返于这条长约 1.5 公里的小道,一个来回约 5000 步,1000 多个日夜的里程约等于 1/4 个长征。

这是属于邓小平一个人的长征,他在理论的深邃与现实的困境中踽踽独行。然而他的精神并不孤独,书架上的马列著作、毛泽东著作和中外文、史、哲书籍犹如周天星辰为他指引方向;坚定不移的理想信念为他定位;多年的斗争经验,尤其是被打倒前 15 年建设和管理国家的从政经验为他铺垫;热爱人民的无限情怀为他灌注力量;高瞻远瞩的战略思维为他拨开迷雾;求真务实的追求为他找准路线；敢于开拓创新的锐气助他披荆斩棘；坦荡无私的心胸让天地都为之一宽。在这历史的重要关头，邓小平所在的位置虽然远离政治运动的旋涡，但他的思想精神所系却一直与整个国家民族的前途命运紧紧相连。

可以说，邓小平对中国发展之路的琢磨与反思，就是在这条小道上开始酝酿的。这条小道也被命名为"小平小道"。

多年之后，邓小平自己在回忆过往的时候曾经这样说过："（'文化大革命'中）我被打倒两次，这种经历并不都是坏事，使我有机会可以冷静地总结经验。因为有了那段经历，我们才有可能提出现行的一系列政策，特别是怎样建设社会主义的问题。"

一步一步、周而复始，一日一日、年复一年，邓小平的步伐越来越坚定，他的思维越来越清晰、思想越来越成熟。这条小道一头连着书斋里的理论，一头连着老百姓的生活；一头是人民的喜怒哀乐，一头是伟人的思考酝酿。这条田埂上的小路像一根强韧的血管，它是无数根血管里微不足道的一根，又是紧贴时代脉搏最为关键的一根。它以1000多个日子里每天来回5000多步，消化着大起大落、跌宕起伏、乱象丛生的时代，把一个个现象和问题条分缕析，转化成一条条对策和方略。这条曲折的小路也像一副长长的扁担，一头挑着时代之问，一头挑着应运之答。

在坚实和稳健的步伐间，邓小平以自己深入的思考将理论与现实交织成绘制伟大蓝图的基线，他以睿智的眼光去看清世界和中国的发展大势，去了解中国人民和中华民族的深沉愿望，去把握中国发展的历史规律。《邓小平时代》的作者傅高义认为："（在江西）这一段退出日常政治的在野岁月使他能够对国家的重大和长远目标形成清晰的认识。倘若邓小平没有对中国需要进行的改革的性质以及如何加以落实做过长期思考，很难想象他在 1977 年以后能够采取那些熟练而有力的措施。""他坚信中国需要更深层的变革，他对中国应当向何处去有了更清晰的认识。"

风雨如晦，鸡鸣不已，在中国面临道路和前途命运重大抉择的时期，邓小平走在这样一条小道上，他忧虑、思索，探究着党、国家和民族的未来。最终，他从这条不起眼的小道上，走出了一条富民强国的金光大道。

这一条从青草蔓陂里袒露出来的红土小道，始于寒冬，却开启了"春天的故事"。当年新建县拖拉机修造厂的工人们当然想不到，一个源自善良的举动，不仅给邓小平夫妇提供了便利，更重要的是为江西乃至为中国留下了一段珍贵的史料和一笔重要的文物宝藏。

# 小平小道  XIAOPING XIAODAO

如今的小平小道

# 第十一章
# 峰回路转

# 小平小道 XIAOPING XIAODAO

1971年11月8日晚，夜已深沉，"将军楼"二楼的灯光却依然未熄，邓小平正在伏案写信，卓琳默默地在一旁缝着衣服陪伴。

自从10个月前在最揪心的情况下被通知"不要再写信了"，邓小平即便再困难也没有提笔写过信。然而这次不一样，他经过了两天的考虑，再次坐下来给北京写信。不同的是，这一次的信既不是写给中办（中共中央办公厅）的，也不是写给汪东兴的，而是直接写给毛主席的。

两天前，恰逢周六休息日，吃过早饭邓小平一家在院子里侍弄蔬菜，厂里突然来人通知邓小平和卓琳去听传达中央文件。

自从邓小平到江西来劳动，还是第一次收到这样的通知。虽然保留了党籍，但是作为被打倒的"走资派"，他再也没有参加过党组活动。突然来了这样的通知，一时倒叫人心里打起鼓来，不知道是好是坏。

邓小平马上换了衣服穿上胶鞋,和卓琳赶到拖拉机修造厂职工食堂,此时全厂80多名工人都已经坐好了,氛围有些沉重。主席台上坐着的罗朋一直盯着门口,邓小平一进来他就马上站起来向他招手示意:"老邓,你耳朵听不清楚,坐到前面来。"邓小平和卓琳走到第一排坐下,随后罗朋开始传达中央文件。

这份文件比往会场扔一个炸弹还惊人,是通报"九一三"事件的。1971年9月13日,林彪集团乘飞机外逃叛国,途中机毁人亡,被称为"九一三"事件,又称"林彪叛逃事件"。大会宣读了中央所发关于林彪叛国出逃的通知及其反党集团的罪行材料。

拖拉机修造厂职工食堂

主席台上的罗朋刚念完文件标题，台下所有的人都停下了动作看着他，简直不敢相信自己的耳朵，所有人心里都浮出同一个念头——出大事了。文件很长，念了两个小时还没念完，但是会场一片寂静，大家屏息静听，不敢交头接耳，只互相以目光示意。

文件传达完以后，照例要各个车间自行讨论。回到修理车间，工人们立马按捺不住激动的心情，爆豆子一般议论起来。只有陶端缙注意到，从听到文件起，邓小平就一句话也没有说过，此时他坐在工位上默然不语，神色沉静。卓琳在他旁边陪着他，听一旁的工友们讨论。

陶端缙知道，这个事情对邓小平肯定有很大的影响，他找到罗朋，以"老邓耳朵不好"的由头，建议让邓小平把文件带回家里去看，罗朋立马答应了。

怀揣着这份极为重要的文件，邓小平踏上了小路。这一天，走了千百遍的小路好像突然变长了，怎么走都走不完，邓小平的脚步比平时要快，他迫切地想要早一点回到无人打扰的书房，仔仔细细地把这份文件读一遍，弄清楚在他下放江西的两年间，到底发生了什么样的事情。

虽然邓小平在江西环境非常闭塞，但是早在两个月前，他对这个重大事件就有所察觉。

当时为了给大儿子邓朴方解闷，邓小平把家里最好的收音机给了邓朴方研究。邓朴方是北京大学物理系学生，精通无线电,发现收音机能接收到短波频率,偶尔能听到外国电台广播。"九一三"事件发生的第二天,邓朴方听到外国电台播报了中国一架飞机在蒙古坠毁的消息,并接连几天都在猜测中国内部可能发生了什么重大事件。

邓朴方赶紧和父亲说了这个事。江西的九月还是长夏,炎热如蒸,邓小平一边给儿子擦身,一边听他讲述种种异常,一声不吭。

国庆节前夕,邓小平从报纸上发现庆祝活动的系列新闻报道中没有对国庆游行活动的报道,说明活动取消了,国庆游行从新中国成立以来每年都会举行,此前还没有中断过。他又仔细读了《人民日报》的头版,发现林彪的名字消失在了报道中,这极为异常。

在邓小平离开北京的两年时间,庞大的政治旋涡还在进一步升级和扩大,那些玩弄权柄、以为自己可以翻手为云覆手为雨的人,一不小心就会被自身的欲望吞噬。

两年前,也就是1969年10月,邓小平和夫人卓琳、继母夏伯根因一则"疏散"的命令,离开中南海来到江西,当时他正处于政治生涯的最低谷,而林彪通过在"文化大革命"中打着"高举""紧跟"的旗帜,迅速上位,并在1969年的中共九大上成为"毛泽东同志的亲密战友和接班人",林彪集团的势力到达顶峰,一时风光无限。林彪的野心空前膨胀,谋划取代毛泽东、攫取国家主席的位置,策划了一系列"抢班夺权"、武装政变等阴谋行动。被毛泽东识破后,慌乱之下于1971年9月13日凌晨强行在山海关乘坐三叉戟专机外逃,途中因油料耗尽,凌晨2点半在蒙古人民共和国温都尔汗东北的草原上机毁身亡。

"九一三"事件是"文化大革命"以来最具冲击力的政治事件，这个残酷的事件不仅给"文化大革命"的正确性打了一个大大的问号，而且引发了社会大众的思想震动，促使中国各个阶层特别是最高领导层不得不对"文化大革命"运动进行审视和反思。

中央关于林彪事件的通知10月6日开始传达到全国各地，到了邓小平这里已经过去了一个多月。

邓小平回到"将军楼"时已经过了平时午饭的时间，他顾不上

邓小平在这里听传达中央文件

吃饭，先将这份文件仔仔细细地看了一遍，离开北京太久，他错过了太多资讯。

和沉得住气、喜怒不形于色的邓小平比起来，卓琳则更为激动，她一回家就把当时在家里帮忙照顾哥哥的小女儿毛毛叫到厨房，用在手心写字的方式把这个消息告诉了她。"文化大革命"以来，为防隔墙有耳，一家人用上了这种略显荒诞的交流方式。

吃完一顿严重推迟的午饭后，全家人除了不能下床的邓朴方，都来到二楼的书房，关上门小声地讨论这件事。听着家人们激动的言论，邓小平拿出了香烟，一边抽一边静静听着，他知道妻子和女儿需要发泄情绪。几根烟后，邓小平半隐在烟雾缭绕后的脸也露出略微激动的神色，他说了一句让女儿邓榕非常难忘的话："林彪不亡，天理不容！"

当天下午邓小平就琢磨起了给中央写信，信的对象、信的内容酝酿了两天才成熟。

为什么直接给毛主席写信，邓小平经过了诸多考量，也许是此事干系重大，他希望和毛主席直接对话。"文化大革命"初期，毛主席曾经希望邓小平能和林彪亲密合作、和睦共处，邓小平因此和林彪有过一次秘密谈话，谈话的结果是两人分道扬镳，渐行渐远。在邓小平被错误批判之前，他曾深得毛泽东的信任，在1965年秋天他仍属于毛主席心目中的"接班人"之一。其次，邓小平敏锐地预见到林彪集团的倒台必将影响"文化大革命"的进程以及党和国家的前途命运。他知道当前自己被起复显然并不现实，困难重重，但是他要尽可能地争取每一个机会。

再者，作为毛泽东的老战友和同事，他深知林彪的叛逃一定让毛泽东非常失望和难过，虽然他没有渠道获悉毛泽东在该事件发生后大病一场，卧床两个月，但是他抛开立场，设身处地，明白重感情的毛泽东一定身心交瘁。毛泽东一直顶着压力保留邓小平的党籍，通过汪东兴照顾他和家人的生活，在这个重要的关头，邓小平希望能和毛泽东直接对话。

邓小平在信中写道：

在传达前，我对林陈反党叛国集团的事一无所知，只是感觉到陈伯达出了问题。对林彪则是非常突然的，所以，在听到林陈集团那些罪该万死的罪恶行动时，感到十分的震惊和愤慨！

林陈反革命集团这样快地被揭发被解决，真是值得庆幸的大事。如果不是由于主席和中央的英明的领导和及早地察觉，并且及时地加以解决，如果他们的阴谋得逞，正如中央通知所说，即使他们最终也得被革命人民所埋葬，但不知会有多少人头落地，我们社会主义祖国会遭到多少曲折和灾难。现在终于解除了这个危险，我和全国人民一道，是多么的高兴呵！

之前在和汪东兴的通信中，邓小平已经把自己在江西的劳动生活状况详细汇报过了，但念及这是第一次直接和毛主席对话，邓小平又不厌其烦地将两年来在江西的情况进行了细致的汇报，对自己遭受的困难只字不提，只说："我们的生活，由于组织上的照顾，没有什么困难。"他大胆向毛主席提出想继续工作的愿望：

> 我个人没有什么要求，只希望有一天还能为党做点工作，当然是做一点技术性质的工作。我的身体还好，还可以做几年工作再退休。报上每天看到我们社会主义祖国在国内建设的突飞猛进，和国际威望的空前提高，都使我的心情激动起来，想做点事，使我有机会能在努力工作中补过于万一。

信中，邓小平还毫不见外地和毛泽东说起了自己的心事："我们的岁数大了，不免为儿女挂心。"他希望毛主席能帮忙解决孩子们的学习工作问题。

然后，邓小平提到了能不能继续往北京写信的事：

> 过去，主席交代我有事情找汪东兴同志，今年初我因大儿子的事写信给他，工作同志告我不要再写信了，所以十一个月来，我没有再写信。不知以后有事，是否还可以写信给汪东兴同志。

155

1972年2月,美国总统尼克松访华,图为毛泽东在中南海会见尼克松

邓小平的这封信很快送到了毛泽东的手里,毛泽东不但看了,还在信封上批示"印发政治局。他家务事请汪办一下"。甚至还把汪东兴叫去批评:"你怎么不管人家啦?"汪东兴解释道:"主席,没有不管,我和您在外地,不在北京。"毛泽东交代他:"小平同志的信上讲了,他的事还要让汪东兴管!"

毛泽东并没有马上回信,此时起复邓小平还为时过早,有太多的工作要做。邓小平是作为"党内第二号走资本主义道路的当权派"被打倒的,要起用邓小平,必须对此有一个合理的交代和解释。另外,林彪集团虽然垮台了,但"中央文革小组"的江青等人极力反对邓小平出来工作,施以重重阻力。而且毛泽东正忙于尼克松访华事务,此时并不是起复邓小平最好的时机。但是邓小平的这封信可以说是递到了毛泽东的心坎上,他接下来的种种行动都与之有着千丝万缕的联系。

11月14日,毛泽东接见成都地区座谈会成员,为"文化大革命"中被批判为"二月逆流"的高级干部平反,此后他多次做出批示,对一些极左过激行为进行纠正,逐步解放了被错误对待的大批干部,为一些人恢复名誉和工作。

1972年1月10日,毛泽东突然出现在"文化大革命"中被批判为"二月逆流"的开国元勋陈毅的追悼会上,郑重三鞠躬向这位老战友告别,并对陈毅家属说了一番动情的话。他在谈话中提到了邓小平,说邓小平与刘少奇是有区别的,是人民内部矛盾。一旁的周恩来立马抓住这个机会,示意陈毅的亲属把这个评价传播出去,为邓小平的复出制造舆论。

从这以后,邓小平一家的待遇得到一步步改善。

首先是随着林彪集团倒台,江西省革委会主任程世清被撤职,曾在"文化大革命"中受到冲击的省领导黄知真和白栋材复出,他们对邓小平极为友善。2月的一天,黄知真到"将军楼"探望邓小平,同时传达了中央关于恢复邓小平党组织生活的通知。

4月,江西省革委会安排邓小平的小儿子邓质方进入江西工学院、小女儿邓榕进入江西医学院学习,说明之前邓小平的信毛主席不仅看到了，还放在了心上，他一直关注着远在江西的邓小平。

邓小平大受鼓舞，提笔给汪东兴写信，对毛主席的关怀和汪东兴的帮助表示感谢，并重申"我仍然静候主席的指示，使我能再做几年工作"。

6月份，邓小平和卓琳工资恢复了正常发放，家里的经济条件大大改善。因夏伯根要到天津去照顾生产的女儿，邓榕和邓质方要去上学，邓家也有了余裕，就请厂里罗朋帮忙，找了一位工人家属缪发香来家里照顾邓朴方、打理家务。从这时起，邓小平的生活环境也宽松多了，虽然没有通知说他可以自由活动，但是工厂里的罗朋、陶端缙、程红杏等人到"将军楼"里来看望也没有被禁止，他们一起聊天、包粽子，过了一个愉快的端午节。

10月初，在周恩来的努力下，中办同意邓朴方到北京三〇一医院接受治疗，了却了邓小平的一桩心愿。

1972年8月3日，在工厂第四次听了关于林彪反党集团阴谋叛乱的罪行报告之后，邓小平再次给毛主席写信。他没有因毛主席不回信而气馁，相反他坚信一切机会都由自己努力争取，他要竭尽全力争取胜利的天平向自己这一方倾斜。

这封信比较长，大部分的篇幅是邓小平的表态，他在信中不仅从拥护中央决定的立场对林彪集团进行进一步批判，对自己所犯的"错误"进行了批评和检讨。

信的末尾邓小平再一次恳切地要求："我觉得自己身体还好，

虽然已经68岁了，还可以做些技术性的工作（例如调查研究工作），还可以为党、为人民工作七八年，以补过于万一。"

毛主席收到邓小平的来信后，不仅很快给出了反应，还在来信上手写了长长的批示："请总理阅后，交汪主任印发中央各同志。邓小平同志所犯错误是严重的。但应与刘少奇加以区别。（一）他在中央苏区是挨整的，即邓（小平）、毛（泽覃）、谢（唯俊）、古（柏）四个罪人之一，是所谓毛派的头子。整他的材料见《两条路线》、《六大以来》两书。……（二）他没历史问题。即没有投降过敌人。（三）他协助刘伯承同志打仗是得力的，有战功。除此之外，进城以后，也不是一件好事都没有做的，例如率领代表团到莫斯科谈判，他没有屈服于苏修。"他最后强调："这些事我过去讲过多次，现在再说一遍。"同日，周恩来批示汪东兴"立即照办"。

俗话说：国难思良将。"九一三"事件不仅给国家带来冲击，给毛泽东也造成了巨大的精神创伤，他大病一场，常常怀念起那些同甘苦、共患难的老战友。74岁高龄的周恩来已于1972年5月18日被确认"患有不治之症"，"四人帮"又难当大任，此时"身体还好"的邓小平成了不二人选。邓小平不仅坚持原则、能文能武、行事果断、敢于抗争，而且在瞬息万变的战斗中组织能力和协调能力卓越超群，还有最重要的一点，他曾是具有丰富政务工作经验的总书记，人才难得啊！

对于毛泽东的批示，周恩来非常激动，他太清楚这一批示的意义了——不仅表现出毛泽东对邓小平的肯定，更透露出毛泽东对于起用邓小平给出了强烈的"信号"。就在20多天前，毛泽东批示同意了同样在江西南昌下放劳动的陈云"出来工作"的要求。

对于周恩来个人来说，他比任何人都期待邓小平的复出。三个月前，他不幸被查出膀胱癌，医生要求他住院治疗，可是国家正处于拨乱反正的紧要关头，国务繁忙，他无暇顾及自己的身体，却日渐感到力不从心。周恩来深感时不我待，迫切希望这些老战友尽快出来分担工作、统筹全局。接到批示的当晚，周恩来就在中央政治局会议上，将邓小平的信和毛泽东的批示印发给了政治局委员们传阅，并以中央的名义正式通知江西省委，宣布对邓小平立即解除监督劳动。

此时远在江西的邓小平的处境也进一步好转：由于步兵学校经常没水，无法洗澡，省里特批邓小平一家人一周一次去省委招待所洗澡；批准老公务员吴洪俊夫妇来江西帮忙料理家务；邓林和邓楠也来到父母身边，邓家一大家人都团聚在了南昌，度过了一段愉悦的时光。

峰回路转，柳暗花明，邓小平复出的大门已经被推开了一丝缝隙……

第十二章
# 圆梦井冈山

## 小平小道 XIAOPING XIAODAO

  调查研究，是邓小平致毛泽东的信里提出的一项技术性工作，也是实干派邓小平从年轻时就躬而行之的工作"法宝"。从在赣南建立根据地到新中国成立初期搞"工业七十条"，无一不是在深入群众、深入生活进行大量调查研究后总结出成功经验的。不仅是邓小平，一代又一代优秀的共产党员，都把调查研究工作视作优良传统和宝贵经验。可以说，中国共产党从诞生之时起就善于运用调查研究的武器去探索新的道路。

  如今形势改变，邓小平将有望回到北京，回到他的老战友们身边去直面乱象、收拾残局。"文化大革命"之后中国该走什么样的路？又该怎么走这条路？正确的道路，从来都是建在国情民意的真实土地上。

  1972年9月，邓小平向江西省革委会提出，希望能到井冈山和赣州老区走一走。到了9月底，江西省革委会通知邓小平，中央已经批准了，由省革委会安排，地方上按照省级干部规格接待，规定了3条：不准群众围观，不准呼喊口号，不准称呼首长。

此时邓小平的二女儿邓楠正在南昌待产，她肚子里的是邓小平的第一个孙辈，以邓小平对孩子的珍视程度，他是不放心此时离开南昌的。但是邓小平知道，离开江西已进入倒计时，而他还有两个心愿要完成，其中一个便是登上井冈山这处革命圣地，他年轻时在广西领导起义，听闻井冈山上"朱毛会师"，便带领军队来到江西，之后一直受命在赣南活动。邓小平虽然非常向往井冈山，却一直没有机会去。如今已经68岁了，他希望能完成登上井冈山的夙愿。

1972年11月12日是个晴天，江西的深秋日光和暖，云淡风轻。清晨，一辆伏尔加轿车载着邓小平、卓琳和黄文华，驶出"将军楼"，向着井冈山进发。

这是邓小平被打倒以后第一次自由出行，迎接他的是江西凉爽快意的风。

上午10点左右，邓小平乘坐的车子来到了第一站——位于清江县（今樟树市）的江西盐矿。进入盐矿的大门，他一下车，意外地看到路旁有很多工人夹道欢迎。原来头天傍晚盐矿接到邓小平要来的通知，盐矿的党委书记齐志庭、矿长王海清非常兴奋，竟然忘记了保密规定，通知职工打扫卫生，他们自己也亲自拿起扫帚开干。第二天是周日，五六百名矿工宁愿不休息也要亲眼看一看邓小平。

江西盐矿当时建矿才两年，生产条件简陋，工人的宿舍和厂房是用毛竹和油毛毡搭建的，车间里蒸汽翻腾。大家劝邓小平不要进车间，但是他带着平静的微笑，拒绝了工人们的好意，坚持走进盐卤水库、平锅熬盐和真空制盐车间，观看生产作业。

　　车间里热腾腾的水蒸气刺得人眼睛都睁不开，邓小平却看得很仔细，两次从工作间抓起盐粒放进嘴里品咂。当他看到工人们全身汗透了还在坚持作业的时候，上前握住工人们的手说："你们的精神太值得学习！大家现在的工作很辛苦，以后实现了机械化，就好了！"

　　邓小平离开盐矿时，矿里送给他几小包精制食盐作为纪念，礼轻情意重，邓小平心头一热，郑重地收下了这份特别的礼物。

　　由于盐矿接待能力有限，中午时分，邓小平一行到了县里的招待所用午餐。

　　简单的四菜一汤，佐菜的是江西特产四特酒。邓小平一边吃饭一边问起清江县的生产情况。听到清江县一年的工业产值只有2600多万元，邓小平不禁皱了皱眉头，他没有继续问下去，只是意味深长地说了一句："看来，你们县的潜力大得很嘛。"

　　吃完午餐后，邓小平和卓琳坚持自己付了伙食费。当年这张清廉收据一直保存下来，上面写着："邓小平同志等2人，交来伙食费0.64元，粮票6两。收据存根编号：0005776；时间：1972年11月12日。"

　　没有午休，邓小平吃过饭后就出发，下午4点左右到了吉安。

晚上，邓小平与吉安地委的干部们座谈，了解遂川、万安、泰和等周边几个县的发展情况，又问起了当年一起闹革命的老部下。回忆牺牲了的战友，邓小平流露出了对老区人民深厚的感情，还自我解嘲说："好多年没有出来了，这次出来什么都新鲜。"

第二天依然是大清早就出发，赶到江西省永新县三湾村调研。三湾村就是著名的"三湾改编"发生地，1927年9月秋收起义之后，部队向井冈山转移时遭遇国民党军队的围攻，兵力由五千降到不足一千，士气低落、人心浮动。在这个生死存亡的紧急关头，毛泽东

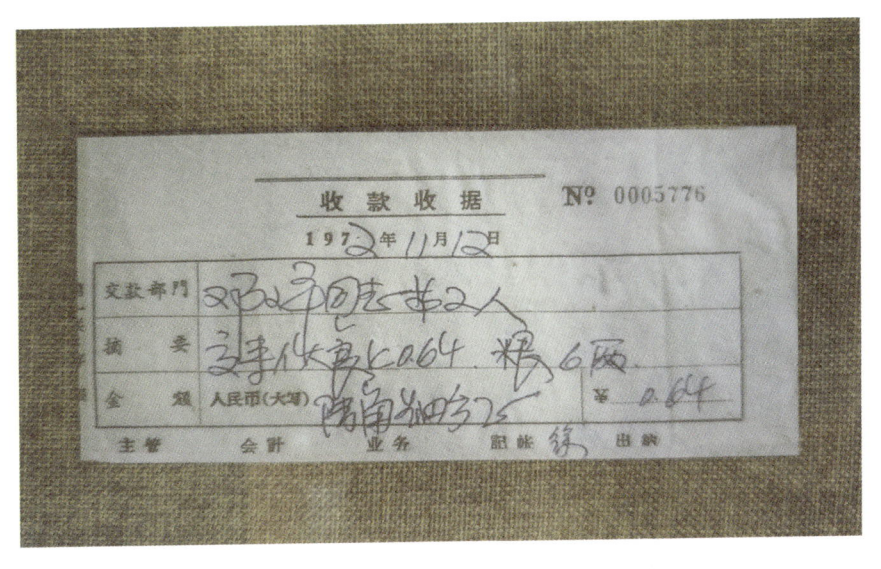

邓小平的清廉收据

在三湾村进行了部队的整顿和改编,创造性地确立了"支部建在连上""官兵平等"等一整套崭新的治军方略,这是中国共产党建设新型人民军队最早的一次成功探索和实践。

遥想往事,仰望着枝繁叶茂的大枫树,邓小平感慨地对周围的工作人员说:"三湾改编很重要,秋收起义部队受挫,甩掉了追赶的敌军来到三湾,在这个清静的地方采取果断措施,对这支面临崩溃的部队进行改编,这是毛泽东同志的一个创举。三湾改编与古田会议一样重要。"

午餐后依然来不及休息,邓小平一行驱车到达相邻的宁冈县(现井冈山市)茅坪村,参观红军医院旧址、八角楼、红四军士兵委员会旧址等地。

在毛泽东住过的八角楼里,邓小平细细观赏着这座有着独特结构、历经风雨的建筑,凝视着桌子上的油灯和砚台,仿佛看到了毛泽东挑灯夜战,在如豆灯光下进行《中国的红色政权为什么能够存在?》《井冈山的斗争》等理论创作。他感慨道:"当年蛮艰苦,革命真不容易。"

当听到讲解员讲到林彪曾经篡改"朱毛会师"的历史为"毛林会师"时,他忍不住插话道:"这是不可能的,历史还是历史,历史不能篡改,那是'左'的路线。"说完他又加了一句:"假的就是假的,真的就是真的。"

当走进红军医院旧址时,邓小平特意问了讲解员一句:"这座房子是保存下来的原物吗?"讲解员回答说是原物,看着屋子里摆放着当年简陋的物品,邓小平深有感触地说:"革命的胜利是靠他们流血奋斗换来的,来之不易呀。"

参观途中,卓琳和宁冈县的陪同人员拉家常:"老表们现在的生活怎么样?人均口粮多少斤?"干部们面面相觑,不知道怎么回答才好。卓琳问的这些话其实也是邓小平关心的问题,都已经11月了,山里气候寒凉,大部分群众依然只穿着单裤,住的房子也和当年变化不大,年收入平均只有30—35元,还有不少倒欠户,年人均口粮也只有350—400斤,猪、鸡、鸭等家禽家畜也养得不多,几乎没什么副业。邓小平忍着心头的酸楚,和周围的干部群众说:"你们在这里很辛苦,过去毛主席在这里干革命时很穷,现在还是

井冈山茅坪八角楼毛泽东旧居

穷，以后会好的。"

临走的时候，邓小平又意有所指地说道："我们的党是好的，是有希望的；我们的人民是好的，是有希望的；我们的国家是好的，是有希望的。"

离开茅坪乡，下一站是30里之外的黄洋界。快到时起了山雾，白色的雾气笼罩着道路，可见范围不超过20米。伏尔加汽车降低速度，穿梭在一片迷雾之中，邓小平在车里陷入沉思。一路来的所见所闻让他的精神上感到新鲜，心里头却十分沉重。眼前大雾中曲折的山路不知蜿蜒向何处，眼前路与心中道何其类似，把握好方向盘，大胆向前，谨慎行驶，一定能成功抵达目的地。

担任井冈山党委书记的程世茂是"二野"（中国人民解放军第二野战军）出身，和邓小平是旧识，他全程陪同邓小平的井冈山之行。

11月14日，黄洋界放晴，浓雾消散，邓小平站上山顶，只见群山绵延千里，气势宏伟，令人郁闷顿消、心胸开阔。邓小平见此风景不禁吟起了诗："山下旌旗在望，山头鼓角相闻。"

一路上程世茂向邓小平介绍黄洋界的地理位置，讲起了一个个故事。讲到兴起，程世茂伸出手指向了当年的挑粮小道，告诉邓小平，"朱德的扁担"的故事就发生在那里。

邓小平闻言抬头看去，爽朗一笑说："朱德的扁担不是被'偷'走了吗？"程世茂立马领会到其中的深意："是这样的，那是林彪

第十二章　圆梦井冈山

朱德的扁担

'偷'走的。1969年，林彪到井冈山博物馆，硬是要把博物馆之中所陈列的'朱德的扁担'改为'林彪的扁担'。"

邓小平点头说："我听说过这件事。我还知道当时挑粮食的时候，林彪在山下养病休息。"程世茂说："'朱德的扁担'是家喻户晓的事情，他胡编乱造的故事根本就不会有人相信。"

邓小平很多年没有登山了，这天他兴致勃勃，上山下坡毫无倦色，不但登顶海拔1343米的黄洋界，凭吊战场遗址，还准备徒步攀登八面山哨口。程世茂考虑到邓小平的年纪，又见他左腿有些不灵便，就想改道回去。邓小平看出他的顾虑，就举起手中的竹棍敲了敲自己的腿说："我这一身零件除了这条腿，其他都是好的。"

在前往双马石的路上,讲解员听说邓小平还是第一次上井冈山,就想更加生动形象地介绍当年红军的生活。他随手在路边拔起一根野菜,介绍说当年红军在井冈山就是靠吃这个来充饥。

邓小平一看,就接过来仔细瞧,还拿到鼻子下闻了闻,发现这野菜其实是桔梗,高兴地说:"红军长征的时候,也是吃这个。有些麻口,但可以充饥,又可以解渴。"

晚上在井冈山住宿,当地的同志招待邓小平一行看电影,看的是样板戏《红灯记》。邓小平早就看过了,不但熟悉电影情节,对演员和幕后故事也知道很多。扮演李玉和的演员一出场,邓小平就笑着说:"这个演员叫浩亮,本来姓钱,'文化大革命'了,连钱也不要了,就叫浩亮。""没钱能干什么,国家穷、人穷,不就是没有钱嘛!"一番话逗得大家哈哈大笑。

这是个谈"钱"色变的年代,"宁要贫穷的社会主义,不要富裕的资本主义"大行其道,邓小平的话道出了老百姓的心声,只是谁也不敢说出口。

看完电影,程世茂送邓小平回住处休息,他有一肚子的苦闷想和邓小平倾诉:"老首长,您今天的话说得实在。老区本来就穷,乡亲们的日子不好过。我们盼着您出来,管管这个事。"邓小平心情沉重,一路沉默。

邓小平在井冈山上住了五天,不仅参观了山上山下的革命旧址,还对当地群众的生产生活情况进行了细致的了解。下山以后,邓小平接到消息,邓楠在南昌医院里顺利生下一个女儿。他乐坏了，和卓琳商量赶紧回去抱外孙女。

11月17日，邓小平来到了泰和县，到当地的农机厂考察农业机械生产情况。

这个农机厂曾经闻名江西，主要生产小型四轮拖拉机和插秧机。在拖拉机修造厂劳动了两年的邓小平对此早有耳闻，所以他不仅认真地参观了木模、翻砂、刨、钳、金工、装配等生产车间和工序，还走到田埂上观看插秧机下田操作。

在实地操作环节，邓小平看出了插秧机存在的问题，他对厂里的师傅说："插秧机这个问题，世界都没有解决，连日本都没有解决好，关键的问题是分秧不均。"临走时他郑重地和当地负责人交代："农业机械化是个方向，你们还要研究农业机械化。"

陪同的泰和县委书记问他有什么指示，邓小平谦逊地说："我只是来这里学习的，要说指示也谈不上。"20世纪30年代邓小平在中央苏区当过县委书记，下田插秧、发展生产，他深知县委书记的不容易："我也当过县委书记，当县委书记难。"

晚上，邓小平一行在泰和县招待所休息。巧合的是，招待所里其他的客人中有一位邓小平的旧相识，原红一方面军的老红军、空军通讯部原副部长池龙，曾与邓小平共事过。池龙是泰和县人，回乡探亲住在招待所，打听到邓小平来了，还和自己住一个大院，就托招待所的工作人员去问一问能不能见面。

邓小平听说是老战友，又同住在招待所，马上同意了见面。池龙见到邓小平十分激动，立即向他敬了一个标准的军礼，而后两位经历过枪林弹雨洗礼的老战士紧紧握手。池龙自我介绍说："首长，我是红一方面军的，在长征时经常看到你，当时我是通信兵。"

邓小平边听边点头，两人聊起了漫漫往事，一聊就是两个钟头。池龙讲起自己在"文化大革命"中受到极不公正的对待，说到激动处，他掀起衣服露出身上被打的斑斑伤痕，悲愤地控诉"造反派"的暴行。

邓小平沉默了，他说："这帮人整人是不择手段的。'文化大革命'是'左'了，被坏人钻了空子。"

这天晚上，也许是难得遇见长征时的老战友，也许是解禁之后心情放松，这一路来的所见所闻让他触动，邓小平罕见地谈到毛主席和周总理："毛主席是个伟人。总理吃了很多苦。很多老干部，包括军队的老同志，都是总理保护的。"

"九一三"事件是一个避不过去的话题，说起林彪，池龙非常愤恨，他就是被林彪集团的人整垮的。邓小平的话比较中肯："林彪这个人不能说没本事，但是个伪君子。利用毛主席的威望发布一号命令，贬低毛主席，抬高自己。"接着，他又说："林彪垮台了，我们党的日子会好点，就是有那么几个书生在胡闹。"

对于池龙的不幸遭遇，邓小平安慰他："池龙同志，抱怨是什么问题都解决不了的，你一定要相信党，一定要耐心等待中央的决定，我们党和祖国的前景是光明的！"

听着邓小平发自肺腑的语言，池龙的心头不禁一热，他知道邓

第十二章 圆梦井冈山

井冈山的早晨

小平在"文化大革命"中遇到的风波比自己大得多,却仍然坚守信仰、保持了一个共产党人的精神品格,他充满敬意地说:"首长,我心中很清楚,我完全相信党和毛主席!"

夜已深,池龙告别,邓小平起身相送,一直把他送到了走廊上。池龙心中深受感动,再三请邓小平留步。

19日清晨,离开泰和县,邓小平到沿途的吉安参观,当地负责人问他想看哪一块的工作,邓小平早有答案,说:"主要看看农业。"于是,当地负责人就带他们到吉安市郊的禾埠公社军民大队考察。

此时江西已进入初冬,稻田早已收割,村庄边上有一片绿油油的菜地，走在小路上的邓小平脸上露出难得的轻松表情，他指着青菜询问品种和特性，是否能推广种植，每到一处都会仔细询问"生产总值是多少""农民收入是多少"，用数字说话。

军民大队第二生产大队是多年来的先进典型，邓小平一踏上这里的土地就感觉了与其他地方不同的蓬勃面貌。江西是农业大省，但是这一路行来都是凋敝、闭塞的贫瘠面貌，邓小平胸口发堵，尽是难言的痛心。听到军民二队的粮食亩产有780斤，邓小平很高兴，连声夸赞："这个小队不错，副业搞得不错，农业也不错。"负责人介绍大队里还有养猪和生产粉丝的副业，邓小平来劲了，不顾猪舍里气味难闻，径直走进去看猪的生长情况。

养猪场的饲养员汇报说养了109头猪，他就一边认真听介绍一边默默地一栏一栏地数。走出猪舍时他发现猪栏里只有100头猪，转头就问："怎么差了9头？"旁边的饲养员解释："还有一头母猪带着8只小猪在外面晒场上。"邓小平随即到晒场上数，确实有9头猪，这才满意地笑了起来。

回南昌的车上，回想井冈山这一路的考察调研，邓小平心中很不是滋味，新中国建立几十年了，但是乡村和县城生产力依然如此低下，老百姓依然过着如此贫穷的生活，这让邓小平更加坚定了发展生产的决心。

第十三章

# 重返瑞金

## 小平小道　XIAOPING XIAODAO

邓小平和卓琳回到南昌已经是晚上6点多，他们顾不上吃饭，先去医院里看女儿和外孙女。到了医院一问，邓楠已经带着孩子出院回家了。两人又急忙往新建县赶，8点多才抱上外孙女，这是邓小平头一回当外公，喜欢极了，但他却自称"爷爷"而不是"外公"，他是这样和大家说的："我们家里不分内外，都叫孙女，都叫爷爷。"

不久中办给江西来电，允许邓小平夫妇外出参观访问，去哪里不受限制，待遇和接待规格可以提高。

含饴弄孙的天伦之乐固然让邓小平心情舒畅，但另一边他迫不及待地想到农村、工厂去考察调研。井冈山之行，他看到了新情况、新问题，有了新感受和新思考，他还需要更多的样本，进行更深入的调研。

经过考虑后，邓小平决定到赣南去，去自己洒过热泪和热血的中央苏区，四十多年前他把自己四年的青春奉献给了苏区根据地的建设。

## 第十三章 重返瑞金

那是一片多么赤诚的红土地啊！据民政部门登记资料，赣南的革命烈士光有名有姓的就有 10.82 万人，占全省革命烈士总数的 43.8%！邓小平担任过县委书记的瑞金县，仅 24 万人口就有 11.3 万人参加红军。中央红军从赣南出发长征时，8.6 万多人中赣南子弟达 5.6 万人，占中央红军总数的 65%。八子参军，无一幸存，这样悲壮的故事就发生在赣南！

邓小平曾经目睹老表们踊跃参军、义无反顾支援革命的壮举，也曾受过赣南人民箪食壶浆的养育和馈赠，他的心里始终牵挂着这里，总想着到这里来看一看。一别 38 年，邓小平渴望去曾经谙熟的山水间走一走，见一见披肝沥胆支持革命的父老乡亲，还想借这个机会好好地了解赣南老区的工农业生产和建设情况。

1972 年 12 月 5 日，载着邓小平的汽车一路向赣州驶去，前往兴国、于都，参观了当地许多红军土地革命时期留下的革命旧址。这次出行和井冈山之行不一样，江西省公安厅派出一名经验丰富的警卫干部随同负责旅途安全，江西省委将原来专供程世清下乡的吉普车调来随行，考察方赣州地委对接待工作做了认真的研究和周密的安排。

赣南山多路遥，一路灰尘滚滚，颠簸了大半天还没进入赣州，途中还遇到了公路塌方，道路堵塞两个多小时，邓小平一行到晚上 7 点左右才抵达赣州。他在赣州没有逗留，第二天清晨吃过早饭，即刻前往兴国县。

兴国县是有名的"将军县"，新中国成立以后授衔的开国上将、中将和少将多达 56 名，这些人大多数都与邓小平是旧相识。邓小平没有在兴国县工作过，但他对这里不陌生，当年邓小平在中央苏区编辑《红星》报，选用大量兴国县通讯员的来稿，读过毛主席著名的《长冈乡调查》，对兴国县印象深刻。他当年就想到兴国县来实地采访调研，可惜没有机会。

到了兴国县，邓小平与前来接待的兴国县委副书记郭启祯握手，开口第一句话就是："了了心愿，了了心愿。我们终于来到了兴国！"

赣南地广人稀，赣州距离兴国 82 公里，邓小平一行安顿下来已近中午，兴国县安排他们到"毛主席创建兴国模范县纪念馆"和文昌宫参观。

午餐时席间氛围融洽，邓小平重返赣南心情很好，大家一边吃着饭一边聊天。陪同人员介绍起赣南特产，邓小平就问他："毛主席当年喜欢吃的'四星望月'，你们现在还做不做？"

郭启祯一听，很意外，他笑着问道："老首长，您也知道'四星望月'？"

邓小平说："我不仅知道'四星望月'，我还知道这是毛主席给它取的名字。"

40 多年前，毛泽东转战赣南来到了兴国县。当时兴国县的负责人陈奇涵等人盛情招待他，大家凑钱在县城的黄隆顺客栈打牙祭。菜上齐后，毛泽东发现兴国的菜肴很有特色，大圆桌中间摆放着一个小蒸笼，里面是粉蒸鱼片和芋头，表面浇有一层辣椒、姜末、蒜泥、芝麻擂成的酱汁，一揭盖，热气腾腾，香味扑鼻而来。蒸笼四周又摆了四个盘子，分别盛着春笋炒腊肉、清炒雪豆、拌鱼丝、腌菜扣肉。

毛泽东每道菜都尝了尝，连赞好吃，尤其是蒸鱼片，又香又辣，很合口味。他就问陈奇涵等人中间这个菜叫什么名字，这么摆着有没有什么讲究。

当地人都答不上来，只知道叫"粉蒸鱼"，兴国本地的传统做法，世世代代都是这样做的。陈奇涵看毛泽东兴致这么高，就干脆请他来命名。

毛泽东哈哈大笑："叫我起名字？看来这道菜不能白吃了。"他想了想，用筷子点了点中间的蒸笼，说："这个蒸笼圆圆的，放在中间，就像月亮；这四个盘子嘛，像是星星围绕着月亮。就叫作'四星望月'吧！"

大家一听这个名字又文雅又形象，都拍手叫好，从此兴国的粉蒸菜，就打出了"四星望月"的名头，后来生活水平高了，四个小菜种类也不断丰富，唯独主菜粉蒸鱼没有变化。

1961年中共中央在庐山召开工作会议时，兴国招待所一位厨师被请上山，专门为参加会议的同志做这道菜，邓小平不仅尝到了这道菜，还从毛主席口中得知了这个故事。

如今的"四星望月"

不过不巧的是,当天中午的饭菜中并没有安排这道菜,郭启祯连忙说道:"首长,很抱歉,今天中午没来得及准备,晚上请你们品尝。"

邓小平听后笑着说:"客随主便吧。我问起这道菜,是想起了当年兴国人民招待红军的深情厚意。那时兴国人民对红军可好了,把自己家最好吃的东西拿出来招待红军。"他想起当年自己率领红七军五十五团从广西千里辗转到赣南的崇义县,疲惫不堪,是老百姓送米送菜、送鱼送肉,腾出自家的住房,卸下家中的门板,抱起稻草为红军搭铺。邓小平问起"四星望月"这道菜，不仅是感慨老区人民对红军的赤诚之心，也许还想起了当年毛主席在瑞金说的话："真正的铜墙铁壁是什么？是群众，是千百万真心实意地拥护革命的群众。"

下午邓小平一行到了毛主席作《长冈乡调查》旧址和上社消费合作社旧址等地参观。在鸡心岭革命烈士纪念馆里，邓小平站了很久，也许是想起了当年的战友，邓小平红了眼眶。

晚餐时果然上了"四星望月"，只是厨师按照吩咐没有放太多辣椒。邓小平品尝后，开玩笑说："这道菜'偷工减料'了。"

在兴国住了一晚，第二天邓小平一行就直奔会昌县和瑞金县而去，中途在于都县用午饭，趁便参观了"毛主席在于都革命活动纪念馆"、红四军政治部旧址和长征出发时红军夜渡于都河的渡口。邓小平问于都县的同志知不知道以前有位女县委书记，叫金维映，人称"阿金"。

走在于都县城的街道上，邓小平还想起了一件旧事，当年长征时他专门在于都县弹了一床四斤重的棉被，质量很好，一直陪伴他走过了长征。

行路匆匆，傍晚时分，邓小平终于走进了会昌县城。绵江流、湘江流，会昌城外合成贡江流。

会昌县和瑞金县相邻，东南与福建、广东接壤，是当年中央苏区的南大门。1932年6月，28岁的邓小平在会昌县主持召开会、寻、安三县党的活动分子会议，宣布成立中共会寻安中心县委，并

## 小平小道 XIAOPING XIAODAO

担任县委书记，开展土地革命、扩大红军队伍、发展农业生产、支援前线作战……奋力支撑起中央苏区的南天一角。也是在会昌县，邓小平遭逢了人生中的"第一落"——他被错误批判为"反党的派别和小组织的领袖"，也就是所谓的"毛派头子"，不仅被当众下枪，还被撤销职务到乡村去劳动改造，妻子金维映也和他离婚。其实邓小平没有搞过任何派别活动，那时也没有直接与毛泽东在一起工作过，仅仅因为他实事求是的思想方法和毛泽东一致罢了。

如今重回故地，又逢人生"第二落"，真是让人别有一番滋味在心头。但邓小平神色坦然，他问心无愧，只是想来看看熟悉的地

中共会寻安中心县委旧址暨邓小平旧居

方发生了什么变化。

会昌县负责人向他汇报县里的情况,他听说会昌县发现了一个大盐矿,正在开采,十分高兴,他说:"好,好,明天去看看。"

当年邓小平担任中共会昌中心县委书记时,缺盐的问题很严重。国民党当局为了彻底消灭中国共产党领导的中央苏区,对中央苏区实施了禁运政策,特别是对盐,宣称不让"一粒米、一撮盐、一勺水"落入共产党手中。那时候为了解决缺盐的问题,中央苏区百姓只好采取土法熬硝盐,取硝土作原料,熬制提炼食用硝盐。1933年夏,邓颖超的母亲,也就是周恩来的岳母杨振德,为了给女婿挖硝土换盐,不幸被塌下来的土墙砸倒。

1970年3月,为了备战、备荒,江西省地质局909地质大队通过钻研,在会昌周田盆地发现了盐矿,彻底结束了赣南老区不产盐的历史。

邓小平兴致勃勃地参观完周田盐矿,心情大好,又乘兴参加了县里正在举办的物资交易大会,实质是"庙会"。交易会上,邓小平一个摊位一个摊位地逛,还一路询价,问完棉纺问五金,问完五金问食品,每一样东西他都感兴趣,还和逛会的老乡们交谈起来。整个庙会都逛遍了,离开的时候被一位售货员认出来了,她一声"邓小平",人们都惊动了,争相呼喊他的名字。邓小平转身向大家挥了挥手,微笑着离开了。

8日下午,邓小平来到了会昌县城东北的文武坝,这里原来是中共粤赣省委和粤赣省苏维埃政府的机关所在地。文武坝原名文屋坝,当时担任中华苏维埃共和国临时中央政府主席的毛泽东来这里视察时改了名,还在这里写下了妇孺皆知的《清平乐·会昌》:

东方欲晓,莫道君行早。踏遍青山人未老,风景这边独好。

会昌城外高峰,颠连直接东溟。战士指看南粤,更加郁郁葱葱。

邓小平对这里很熟悉,但是毛泽东在这里盘桓的时候他不在现场,听着解说员的介绍,他一脸沉静。走进毛泽东当年住过的房间,看着简陋的陈设,邓小平深有感触地对在场的陪同人员说:"毛主席当时也是受排挤的。"

是啊,邓小平说得没错,毛泽东当年来会昌时确实正处于王明等"左"倾领导者的排挤中。1960年12月25日,毛泽东67岁寿辰前一天,他很高兴地邀请了一些年轻人聚餐,席间他讲起这段往事,说:"人没有压力是不会进步的。我就受过压,得过三次大的处分,'被开除过党籍',撤掉过军职,不让我指挥军队,不让我参加党的领导工作。我就在一个房子里,两三年一个鬼也不上门……"毛泽东的这种处境,比邓小平好不了多少。当然,世界上任何一个政党内部都不可能没有矛盾和斗争,中国共产党也不例外。但是如何对待这些矛盾和斗争,深受党内斗争之害的邓小平有深入的思

第十三章 重返瑞金

中共粤赣省委旧址

考,他认为:"只有采取客观的实事求是的态度来分析和总结,才有好处。"后来他在评价毛泽东和解决党内历史遗留问题上,态度公允客观,不仅令人信服,而且树立了一个光辉的榜样,经受住了历史的考验。

会昌县与瑞金县隔得很近,当天下午邓小平就抵达瑞金县城。车子离瑞金城越来越近,邓小平看着窗外的风景,默默从记忆中找寻熟悉的部分,心中不由有了些"近乡情怯"的忐忑。

"您是我们瑞金的老县委书记,欢迎您回来。"瑞金县委领导一见到邓小平,就上前去紧紧握住他的手。

邓小平听到这句话,无限感慨,瑞金县是他在中央苏区工作时间最长的地方,他对这里充满了深情与怀念。

邓小平担任瑞金县委书记时才27岁,他在任上承办了中华苏维埃第一次全国代表大会，来自中央、闽西、赣东北、湘赣、湘鄂西、琼崖等苏区的代表，以及红军、全国总工会、全国海员总工会的 610 名代表出席大会。会议还决定，中华苏维埃共和国的首都就定在瑞金，瑞金也成为中国革命历史著名的"红都"。

根据瑞金县的安排，邓小平和卓琳先后参观了毛主席旧居元太屋、红井和临时中央政府大礼堂，他问陪同人员，当年的红军总政治部在什么地方，自己印象里就在这附近。

当地陪同人员告诉他在附近的乌石垄，但是那里不通车，要步行。邓小平说，那就走路去吧。他们翻过了一座小山岗，到了乌石垄的杨氏祠堂，工作人员说是这里。邓小平站在房前看了看，说：

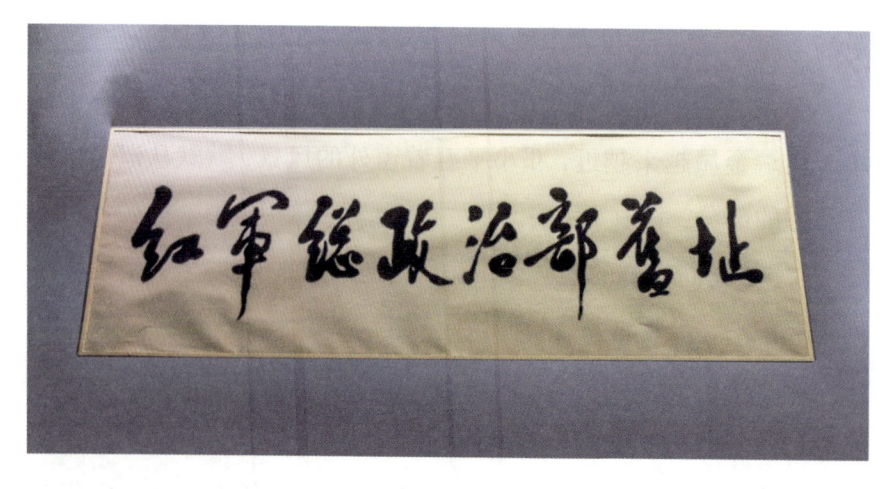

邓小平手迹"红军总政治部旧址"

## 第十三章 重返瑞金

"不是这个地方!"

工作人员又带领邓小平走了一里多地,一路打听着到了下肖村一栋民房。邓小平前后看了看,还是摇头:"这是中央政治局办公的地点。还不是这个地方。"

邓小平看着远处的樟树仔细回想,问道:"这里有个白屋子,知不知道在哪里?"旁边的老人听到后,给他们指了一条路。这条路经过甘蔗地,还没收起来的甘蔗挡在了面前。随行人员一边拨开挡路的甘蔗一边护着邓小平行走,邓小平不用搀扶,他健步走在前面。

小路尽头果然看见了一栋外墙粉白的民居,邓小平快步上前说:"对对对,就是这里。"他迈进大门,指着其中一个房间说:"这里就是总政治部秘书处办公的地方。"接着又推开了另一间房门,说:"我就住在这里,《红星》是在这个房间里编辑的。"

已经过去近40年了,邓小平还记得这么清楚,大家都非常钦佩,瑞金县纪念馆的同志赶紧记了下来。

邓小平在瑞金县停留了四天时间,参观了瑞金县的多处工厂。在瑞金县电线厂参观拉丝车间时,工人师傅告诉他,生产电线要经过四道工序,生产出来的产品却连半成品也不是,还要经过多道工序才能完成。邓小平看到每道工序都需要工人们搬运工具,累得满头大汗,就关切地问:"你们能不能搞个流水线,这边进原料,那边出产品?"工人们还没听说过流水线,听邓小平介绍很高兴,都说:"要是能那样就好了,省时又省力。"

邓小平对流水线这些现代化的东西见得多，看到江西的工厂生产力普遍低下，工人们劳动强度大，工作效率不高，既同情又痛心，看来国家发展生产力、实现现代化迫在眉睫。

从瑞金电线厂出来，邓小平和卓琳又到红都糖厂参观。在糖厂里面，邓小平看到车间里有些工人用手工包糖果，有些工人用机器包糖果，他就问手工包糖和机器包糖有什么区别。陪同参观的糖厂工作人员回答说："手工包糖一天80来斤，机器包糖一天400来斤。"

邓小平感到很奇怪："为什么不全部用机器包呢？"厂里的生产科长黄达明说："中国人多嘛，全部用机器，工人就失业了。"邓小平摇摇手说："不能那样说。人多，可以安排一部分人生产，多出来的人可以先送去培训，然后轮换，这样工人的素质就会提高。"

从糖厂的办公楼到车间修了一条平坦的大路，陪同参观的工作人员告诉他这条路有个缺点，就是比较远。邓小平问有没有什么近路，工作人员回答有条小路，但是坑坑洼洼的不好走。邓小平笑着说："不要紧，为什么有近路不走偏要走远路呢？中国革命的道路也是曲折的，不是笔直的，我们不怕。"

邓小平和卓琳参观完了红都糖厂、瑞金塑料厂和工艺美术厂以后，和县里的领导同志开座谈会。邓小平静静听着负责人的汇报，说瑞金县工业大发展、农业大丰收、形势大好，一片光明。他默不作声，负责人再三请"老书记"发言，他说："瑞金的县办工业还可以，办起了一些厂子，农业还不太行。"大家一听，面面相觑，

土地革命战争时期中央工农民主政府所在地——江西瑞金

不敢作声。他又说:"现在比过去好了很多。解放后我们做了许多工作,取得了很大的成绩。但是和西方国家比起来,我们最少落后40年,还需要努力。"在座的同志没有想到老书记会说出这样的话,不觉大吃一惊,这样的话大家就算知道也不敢说啊,他们不禁为老书记感到担心。但是邓小平说出这句话时,语气是那样肯定,明显是经过了深思熟虑才说出来的。

邓小平在瑞金待的时间比较长,他到这里来考察参观的事情被很多人知道了。有一天晚上,一位面容憔悴的大姐来到瑞金宾馆找邓小平。她叫罗志才,1931年担任瑞金县苏维埃政府妇女生活改善委员会主任,当时原县委书记李添富乱肃"社会民主党"时她被抓起来,差点杀头,是邓小平和金维映给她平反释放,让她继续从事妇女工作。她是童养媳出身，文化不高，没有工作经验，邓小平亲自指导她开会、做群众工作，还教她练习刀枪。红军长征离开后，罗志才成了当地的游击队连长。"文化大革命"中她被诬蔑为"叛徒"遭到迫害，听说邓小平来了瑞金，罗志才就来瑞金宾馆看望，希望老领导能再帮她一次。

此时邓小平身份敏感，不便和她见面，只请人带了一句问候。但他把老同志罗志才的事情放在了心上，据说1973年春天邓小平回北京不久以后，就致信罗志才，让她到北京去。从北京回来后，罗志才的罪名不攻自破，从此获得了解脱，她高兴得逢人就说："邓小平同志救了我。"

当时在瑞金参观红都糖厂时还有这么一个插曲，参观糖厂的澄清工段（负责蔗汁加热、中和、澄清、蒸发浓缩成糖浆的工序）要登上一段楼梯，陪同参观的工作人员生怕邓小平吃不消，走上前去扶他。邓小平却挥挥手，大声说道："不要扶我，我还可以再干20年呢！"身后的卓琳听了就嗔怪道："你哪还能再干20年呢，吹牛皮。"邓小平坦然自若："我才68岁，还可以干20年，没有问题。"他步履稳健，声音洪亮，中气十足，反应灵活，完全不像一个老人，更兼思维敏捷，神采奕奕，让陪同的人员都暗暗惊异。

回南昌的路上，宿宁都、过广昌、经南丰、到抚州，在路过瑞金县的大柏地、关山林场等地方时，邓小平感触很深，他说从前这里的树木竹林很多，现在光秃秃的，乱砍滥伐太严重了，水土流失会严重影响农业生产和人民生活。在抚州一家工厂看完后，他和当地负责人讲："不要长期搞军品，单一的不好，还要搞民用。"在抚州，邓小平和卓琳还请人去找老战友王若飞的儿子王兴（当时不在，没有来）和张鼎丞的女儿张九九一家，关切地询问这些老革命家的家人生活过得怎么样，听他们倾诉"文化大革命"中不幸的遭遇，给他们解决一些生活问题，为故去的老战友尽一点心意。

十天的赣南之行——重返瑞金、三寻故地、考察工厂，老区的人们都说，邓小平还是那个邓小平！大家都盼着这个敢说真话、能干实事的老领导早日复出，带领中国人民扭转劣势，走向富强之路。

通过这次考察，邓小平对江西老表尤其是赣南老区人民的生活状况有了深刻的了解。这片让他抱持着特殊情感的红土地给他个人以及整个中央苏区以极大帮助，与党和国家血肉相连的乡亲们，他们还要继续过着这样的日子吗？革命烈士们抛头颅、洒热血换来了新中国的成立，数十年的努力只能让老百姓过这样的生活吗？邓小平到赣南，高兴里糅杂着愧疚，期待中夹了些许失望，离开时乡亲们殷切的希望沉甸甸地压在了他的心上，他们朴实又热切的目光跟着他的车子一路走远，一声声绵长的送别过了许久许久还萦绕在他的耳边。

小平小道 XIAOPING XIAODAO

邓小平在江西期间调研路线示意图

## 第十四章

# 复出之路

## 小平小道 XIAOPING XIAODAO

当邓小平在江西风雨兼程进行调研时,周恩来正在北京殚精竭虑,为他清除复出之路上的重重阻挠。

12月18日,周恩来致信纪登奎、汪东兴等人谈解放老干部问题,适时说起"邓小平一家曾要求做点工作,请你们也考虑一下,主席也曾提过几次"。12月27日,纪登奎代表国务院回复:"邓小平仍任副总理,分配适当工作。"

转眼就是新年,日历翻到了1973年。1月的一天,江西省委书记黄知真来看望邓小平,还带来了一个好消息,他兴冲冲地告诉邓小平,中央决定近期就让他回北京。

这可真是一个好消息啊,邓小平复出可以说是尘埃落定了!全家人都非常兴奋,恨不得第二天就启程。邓小平固然高兴,但他比其他人淡定得多:"不忙,过了春节再走。"他还有个想法,去一趟世界闻名的瓷都景德镇。

在江西过了一个喜气充盈的春节,大年初五邓小平再次启程,去往景德镇视察。

但愿苍生俱饱暖,不辞辛苦出山林。2月7日,邓小平、卓琳、邓榕等人到达景德镇,下榻在景德镇宾馆。邓小平和接待的负责人说:"景德镇很有名气,小学念书的时候就知道景德镇!"

陶瓷是中华文明的重要名片之一,是我国优秀传统文化的杰出代表。景德镇的瓷器素有"集天下名窑之大成,汇各地良工之精华"的名气,是中外文明交流互鉴的重要桥梁。1956年7月,国家用瓷制作委员会设立,在短短几年内先后组织生产了国家定制瓷12万余件。

"文化大革命"时期,景德镇的瓷器生产受到了很大冲击。不过就在邓小平来之前,也就是1972年,一度撤销的国家用瓷办公室,以江西省陶瓷工业公司革委会生产组管理、陶瓷加工服务部国家订瓷组具体负责的方式复出。

邓小平第一次到景德镇来,不只想了解景德镇瓷器生产的特色,还要看一看景德镇恢复生产的情况。

景德镇市委领导安排了几家各具特色且规模较大的瓷器生产企业让邓小平参观考察。有以生产青花玲珑瓷为主的光明瓷厂、以传统瓷雕为主的雕塑瓷厂、以粉彩瓷为主的艺术瓷厂、以高白釉日用瓷为主的为民瓷厂、以釉下彩瓷为主的红旗瓷厂、以青花瓷为主的人民瓷厂、以高温颜色釉瓷为主的建国瓷厂、以新彩日用瓷为主且机械化程度较高的宇宙瓷厂,以及综合反映中国历代制瓷历史的

**小平小道** XIAOPING XIAODAO

景德镇旧影

景德镇陶瓷馆。

在以高白釉日用瓷为主的为民瓷厂参观时，邓小平看到一个高白釉茶杯，晶莹光润，工艺极高，不由赞美道："中国的瓷器啊，还是景德镇的名气大。"欣赏完各色瓷器后，他对景德镇制瓷业给予了高度的评价。

2月8日，邓小平一行来到景德镇陶瓷馆。陶瓷馆是景德镇中国陶瓷博物馆的前身，建于1953年，是新中国成立后建馆最早的陶瓷艺术专业性博物馆，收藏了自新石器时代以来的不同历史时期的陶瓷名品佳作，集中反映了中国的陶瓷发展史。邓小平一边细细欣赏展品，一边投入地听着讲解员的介绍。讲解员介绍高温颜色釉之所以能呈现出绚丽多姿的效果，是因为釉在经过窑变之后会变幻出各种色彩，这种变化具有不可复制性，所以每件高温颜色釉瓷器都是孤品、绝品。她在讲解"三阳开泰"颜色釉花瓶的寓意时，引用了古语"三阳开泰运，五湖转新机"，象征着大地回春、万象更新、时来运转、百业兴旺。邓小平听了很高兴，对卓琳说："这窑变是国宝。"

时来运转、万象更新，"三阳开泰"的吉祥象征不恰恰是邓小平当下的写照吗？中国大地都在等待着东方风来、百业兴旺的那一天啊！见此情形，当地负责人代表景德镇人民把"三阳开泰"瓷器赠送给了邓小平，这一举动饱含着瓷都人民对邓小平的信赖和支持，大家期盼着邓小平早日走上工作岗位，造福于民。邓小平平时很少接受礼品，拒绝不了时他就会让卓琳以市场价购买，但是这一次他郑重地收下了这份礼物，回北京以后一直把它摆放在自己工作的地方，小心保存。

2月9日，邓小平来到光明瓷厂调研。光明瓷厂是生产景德镇四大传统名瓷之一青花玲珑瓷的专业厂家，青花玲珑瓷是青花装饰工艺与玲珑工艺巧妙结合的产物，被外国人称为"嵌玻璃的瓷器"，备受西方人喜爱。光明瓷厂80%的产品销往国外创外汇，不仅规模大，而且既有手工生产，也有机械化生产，在"文化大革命"当中被糟蹋后，它恢复生产最快。

邓小平在参观的时候不只考察生产情况，还和工人师傅交谈，了解工人的生活情况，比如每个月工资多少等。他问了第一线的工人工资，也问了干部和技术人员的工资，对瓷厂的生产规模和人才培养都很关注。邓小平在光明瓷厂考察的时间较长，慢慢有工人认出了他。等他参观完即将离开时，厂里面的工人从四面八方拥来挤满了通道，汽车没办法往前开。邓小平不以为忤，反而幽默地说："群众不知'刘邓'路线人物是什么样的人，让他们看看吧。"他走下汽车，和蔼地向大家招手致意，他矫健的身姿和真诚的态度，博得工人们热烈的掌声。车子通过时，大家站在道路两旁欢送，场面热烈又感人。

在雕塑瓷厂参观的时候，厂领导汇报工厂生产恢复情况，说到"文化大革命"时"破四旧"、批判"封、资、修"（封建主义、资本

第十四章　复出之路

景德镇负责人送给邓小平的"三阳开泰"瓷瓶

主义、修正主义)，陶瓷珍品被打碎、生产模具也被砸掉，生产遭到严重破坏时，邓小平心情非常沉重，许久都没有讲话。参观车间途中，他在成型车间看到有水鸭的坯，就问："这个东西有人要吗？"陪同人员回答说这是外国人订的货。邓小平有些好奇："这个水鸭子能浮起来吗？"工人说："烧成了瓷器就可以浮起来。"邓小平听完笑了，一脸满意。

在彩绘车间，邓小平看到工人正在生产"帝王将相""才子佳人"以及观音、罗汉等"文化大革命"时被划为"封、资、修"的瓷雕产品，他问："这个又可以搞了吗？"厂领导汇报说："周总理的指示，不能把我们的观点强加给外国人，只要外国人需要，我们就可以适当生产一些。恢复一部分传统产品是经中央文化部审查批准的。"邓小平边听边点头，用十分肯定的语气说："是可以嘛！"可见，邓小平的观点与周恩来一样。后来邓小平出访泰国，把景德镇雕塑瓷厂生产的"六合同春"瓷雕作为礼物送给泰国国王；1979年出访美国又把景德镇生产的青花松鹤大瓷瓶作为礼物送给了卡特总统，把颜色釉综合双耳瓶送给美国前总统尼克松。此后景德镇多次为党和国家领导人出访承制礼品用瓷，进一步提高了景德镇瓷器在国际上的声誉，有力地促进了我国的对外开放。

参观行程之外，卓琳到市场上买了一些价廉物美的普通餐具，准备带回南昌给孩子们。当地干部问她怎么不买点好的，卓琳笑着说："虽然我们以前在中央工作，但也是普通家庭。"

景德镇之行结束时，邓小平以饱含深情的口吻和景德镇的领导干部说:"景德镇不仅是瓷都,而且世界有名。景德镇的工人是有创造性的,劳动能创造世界。"言下之意,是让景德镇人再"大胆一点","开放"和"创造性"是一个国家、一个民族立于世界之林的发展之道。

从景德镇回南昌的路上,邓小平到进贤县看望了被下放到"五七干校"劳动的王瑞林。王瑞林是邓小平原来的秘书,从年轻时就跟着邓小平,两人也已经六年不见了。看到当年精神的小伙子如今满面风霜,邓小平没有亲热的话语,只是提出带王瑞林到南昌的家里住几天,因为曾共事多年,他把王瑞林当家人一样看待。邓小平看起来沉默寡言,其实他内心感情丰富,极有人情味,只是他不轻易流露,也从不因此在提拔任命上有所偏重。

复出之前的三次外出参观考察,对邓小平来说十分重要。从在中南海被监管到疏散江西劳动,他虽然努力从各个渠道了解社会实际情况,但毕竟是有限的。三次外出参观考察,给他补上了调查研究的一课。通过参观访问、实地察看,他更直接地了解了当时国家工农业生产和国民经济实际运行情况,特别是人民群众生产生活情况和基层社会情况。三次外出的所见所闻,使他三年来的零散思考在此时形成了明确的概念、清晰的判断和开阔的思路。

邓榕在《我的父亲邓小平》中这样写道:

在江西的三次外出,对父亲来说十分重要。"文革"以来,他一直被禁锢,脱离社会。对外面的情况,虽然可以从家人那里得知一二,但总是间接的。这三次外出,使他有机会用自己的眼睛亲自去看,用自己的耳朵亲自去听,使他对局势的现状和发展,有了一个直观的印象,并由此可以作出更为清晰明确的判断。

"文革"到此六年多了,诸多风云,诸多不测,世间的人和事物,都发生了巨大的变化。这些变化,听在耳里,看在眼里,是好是坏,一目了然。父亲是一个成熟的政治家,他的心中,已有许多的忧虑。他的头脑里,已有许多的思考。一些原本零散的思路,已经理清,形成了明确的概念。

……他虽仍旧是那样地不言不语,但你可以清楚地感到,他的心中,充满了思索,充满了信念,充满了渴望。六年的政治磨难,三年的劳动锻炼,为他积蓄了充足的精神和体力,使他做好了充分的思想准备。好像一艘已经高张起巨帆的航船,一旦风起,便可启程,全速远航。

1973年2月,在周恩来主持的中共中央政治局会议上,根据毛泽东的批示,做出了恢复邓小平国务院副总理职务的决定。

离开江西的日子已定,临走前,邓小平让卓琳专门买了些糖果

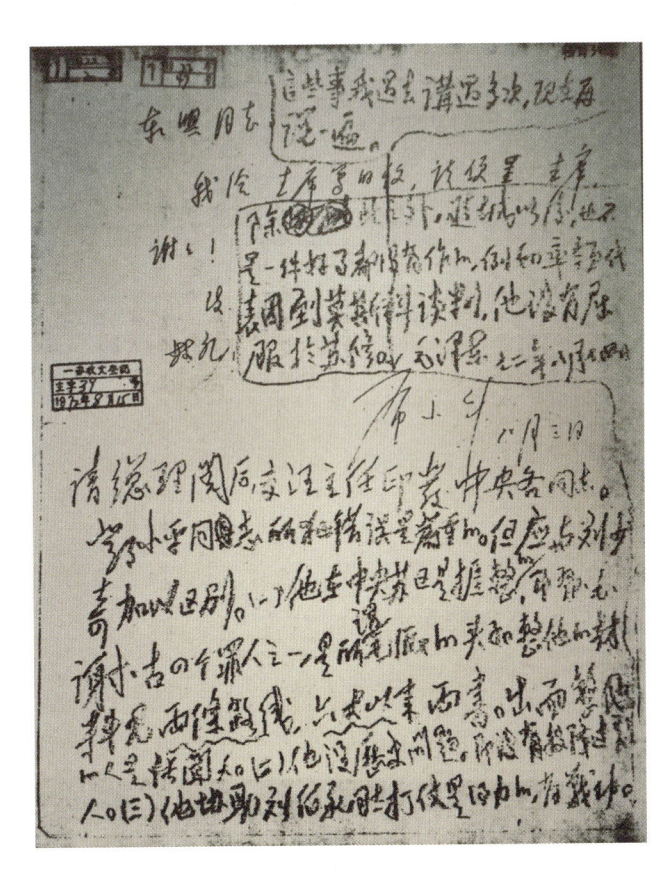

毛泽东在信上做出批示，肯定了邓小平在历史上的功绩

和点心,到拖拉机修造厂和工人师傅家里道别。三年多来善良淳朴的工人们对他们关照有加,这让夫妻俩心存感谢。大家听说老邓要走了,出发那天都赶来送行,邓小平很受感动,和大家一一话别:"谢谢你们。我们在厂里三年多了,麻烦了大家。昨天卓琳到你们家里去,表示我的心意。"工人们知道邓小平回北京是好事,除了祝福也没有别的话说,只有一句话:"有机会来江西,一定要来厂里看看啊!"

1984年,邓榕在《人民日报》上发表《在江西的日子里》一文,深情地回忆:"去江西之时,只有孤零零三位老人。离开江西时,竟有祖孙四代近十口人了。我们全家人对这曾经羁旅三年之地,对那红砖楼房的小院,对江西的一草一木,一人一物,都充满怀恋之情。"邓小平看了这篇文章后批示:"看了,写的真实。"2008年小平小道陈列馆开馆时,卓琳在给陈列馆的祝贺信里也写道:"江西、南昌、新建,是我们永远不能忘怀的地方。拖拉机厂工人师傅们的深情厚谊至今仍然温暖着我们的心。"

2月19日,邓小平一家告别了拖拉机修造厂的工友和江西的父老乡亲,告别了宁静温馨的"将军楼"和充满劳作痕迹的小院,告别了亲切的新建县和英雄城南昌,乘汽车前往鹰潭。他们将在那里乘坐火车回京。江西省革委会考虑到邓小平一家人员多,尽量减少转车带来的折腾,选定了有华东交通枢纽之称的鹰潭为连接点,在那里乘福州至北京的特快列车回京。

2月20日上午,在晚点3个多小时后,从鹰厦线驶来的特快列车,载着邓小平踏上了开往春天的旅程,前往一个新的世纪……

邓小平离开江西 20 天后,1973 年 3 月 10 日,中共中央发出《关于恢复邓小平同志的党的组织生活和国务院副总理的职务的决定》,文件的上方赫然醒目地印着:"毛主席批示:同意。"

3 月 29 日下午,周恩来抱病陪同邓小平到毛主席的住处,这是他们暌违多年后的第一次会面。看着邓小平扎实精干的身体、沉着稳重的姿态和积极向上的精神风貌,毛主席很欣慰,鼓励他:"努力工作,保护身体。"而看着大病一场后略显憔悴的毛泽东,邓小平心里五味杂陈。毛主席问他:"这些年是怎么过来的?"邓小平回答了两个字:"等待。"

对于邓小平复出后的第一次公开亮相,周恩来用心筹划,既要隆重又不能刻意,既要引人瞩目又不能过于突出。4 月 12 日,周恩来在人民大会堂举行盛大宴会,欢迎由柬埔寨解放区归来的西哈努克亲王和夫人,邓小平出席宴会作陪。这是他自"文化大革命"被打倒后,第一次在公开场合与中外人士见面,这件事立刻引起了很大的轰动。

德国作家乌利·费兰茨是这样记述如此惊讶难忘的情景的:

"这是……不,决不可能!"惊呆了的客人没有搞错。穿着酱色"毛式制服"的矮小老人不是别人,就是邓小平。他的制服不大合身,步伐已不够敏捷。笨重的枝形灯发出冷色的光。这位回归者还留有些被流放的痕迹。当领导们集体进入人民大会堂前厅时，他走在旁边……尽管邓站在后面，但他的出现很快传开了。外国人不知所措，中国人大为吃惊。就在宴会开始时人们发现，不是亲王而是邓成了1973年4月12日的无冕之王。

第二天外国媒体纷纷刊载相关新闻，竞相向全世界发布这一重大新闻：邓小平复出了！还有一家媒体惊呼邓小平为"打不倒的东方小个子"！这一称呼形象生动，很快就传开了。

公开传播的信息，给饱受动荡的中国人民带来了新的希望。大家翘首等待邓小平收拾时下全国乱哄哄的残局。

12月14日，毛泽东在中央政治局会议上，谈及邓小平重新工作的事，他说："现在请了一个军师，叫邓小平。发了通知，当政治局委员、军委委员。政治局是管全部的，党政军民学，东西南北中。我想政治局添一个秘书长吧，你（邓小平）不要这个名义，那就当个参谋长吧。"隔天，毛泽东召见政治局有关同志和北京、沈阳、济南、武汉军区负责人谈话，又谈起邓小平，说："我们现在请了一位总参谋长。他呢，有些人怕他，他是办事比较果断。他一生大概是三七开。你们的老上司，我请回来了，政治局请回来了，不是我一个人请回来的。你（邓小平）呢，人家有点怕你，我送你两句话：柔中寓刚，绵里藏针。外面和气一点，内部是钢铁公司。过去的缺点，慢慢地改一改吧。不做工作，就不会犯错误。一做工作，总要犯错误的。不做工作本身也是一个错误。"

1974年3月20日，毛泽东建议邓小平出席联合国大会特别会议，担任中国代表团团长。4月10日，邓小平在纽约联合国大厦的会场上，向全世界全面阐述了毛泽东关于"三个世界"的理论和中国永不称霸的承诺，引起了第三世界国家的强烈反响和热烈欢迎。

1975年1月5日，中共中央发出经毛泽东圈阅的一号文件，任命邓小平为中共中央军委副主席兼中国人民解放军总参谋长。1月8日，中共十届二中全会在北京召开，选举邓小平为中共中央副主席、中央政治局常委。

邓小平在毛泽东、周恩来的支持下，主持中央和国务院的日常工作。他强调敢字当头，横下一条心，从铁路交通入手，继而在钢铁、文化、教育、国防工业、军队等各个领域大刀阔斧地开展了全面整顿。这次整顿实际上是纠正"文化大革命"的错误，为新时期全面拨乱反正进行的一次预演和改革的试验。短时间内就取得了显著的成效，大部分地区社会秩序趋于稳定，国民经济迅速回升，当年工农业总产值和大多数产品产量指标按照"四五"计划基本完成。

这些让群众拍手叫好的成绩，却成了某些人的眼中钉，全面整顿发展到高潮时，邓小平与"四人帮"集团的较量进入白热化。"四人帮"集团利用各种机会向毛泽东告状，说邓小平要算"文化大革命"的账，于是毛泽东提出由邓小平主持中央政治局会议，起草

1974年4月10日,邓小平在联合国大会第六届特别会议上发言,阐述毛泽东关于"三个世界"划分的战略思想和中国的对外政策

一个肯定"文化大革命"成绩的"决议"。

邓小平又来到了命运的十字路口，他完全知道此时不答应接受这项工作，自己将会面临什么样的境地。但是他依然坚守本心，称自己是"桃花源中人"，"不知有汉，无论魏晋"，义无反顾地拒绝了。在历史的转折关头，真正做到了求真务实、坚守信仰，这不是一件容易的事情。但正是有这种精神，才能冲破种种思想束缚的坚冰，打开全新的局面。

而邓小平却因此第三次跌入了政治的深渊。这一年，他71岁。

1976年1月15日，邓小平代表中央为周恩来逝世致完悼词后，便在公众场合销声匿迹。随着悼念周恩来、声讨"四人帮"的"四五运动"爆发，邓小平被撤销了党内外一切职务，保留党籍，以观后效。

凌风知劲节，负霜见直心。恰恰是在邓小平的整顿措施中，中国人民真正了解了这位意志顽强、立场坚定，在原则问题上、在政治大节上不动摇的"桃花源中人"。邓小平后来说："1975年我主持中央常务工作。那时的改革，用的名称是整顿，强调把经济搞上去，首先是恢复生产秩序……改革是很得人心的，反映了人民的愿望。"民心所向，这正是邓小平后来被历史和时代选择的最深厚的基础。

曾有人问起他第三次被打倒后的感受，他的回答是两个字——忍耐。对于这一回答，芬兰前外交部长索尔萨这样认为：

"忍耐"在芬兰语中是指拥有崇高的信仰,对为之奋斗的事业充满信心,忍耐和信仰是邓小平的财产。

邓小平后来回忆说:"林彪、'四人帮'总是想把我整死,应该说,毛主席保护了我。""我是乐观主义者,相信问题总有一天会得到解决。"在邓小平危难之际,毛泽东托付汪东兴采取措施,将他的住地从宽街转移到东交民巷予以保护,免遭不测。

1976年10月,随着"四人帮"的覆灭,在困境中保持乐观心态的邓小平,再一次起复,并迎来了他政治生涯的辉煌岁月。

1977年7月的中共十届三中全会,恢复了邓小平第三次被打倒前的所有职务,邓小平再次站在了中国政治舞台的中央。

什么是社会主义?怎样建设社会主义?邓小平以长期积累的远见卓识、丰富的政治经验和高超的领导艺术,从拨乱反正入手,重新确立了"解放思想,实事求是"的思想路线,停止使用"以阶级斗争为纲"的错误提法,确定把全党工作的重点转移到社会主义现代化建设上来,做出实行改革开放的重大决策,实现了党的历史上具有深远意义的伟大转折,使中国人民和中华民族开始了由"站起来"走向"富起来"的伟大飞跃。

会上,邓小平说:"出来工作,可以有两种态度,一个是做官,一个是做点工作。我想,谁叫你当共产党人呢,既然当了,就不能够做官,不能够有私心杂念,不能够有别的选择,应该老老实实地履行党员的责任,听从党的安排。"在这次讲话中,邓小平说到自己还能活20年。

第十四章 复出之路

1984年国庆游行的大学生队伍通过天安门时，打出"小平您好"的横幅

也许是巧合，邓小平此后真的活了20年。在他生命的最后20年里，邓小平带领全党、全国，创榛辟莽、开拓前行，开辟了一个时代，缔造了惊天动地的人间奇迹，书写了彪炳史册的壮丽篇章！

习近平总书记指出："正是由于有邓小平同志的卓越领导，正是由于有邓小平同志大力倡导和全力推进的改革开放，中国特色社会主义才能欣欣向荣，中国人民才能过上小康生活，中华民族和中华人民共和国才能以新的姿态屹立于世界东方。邓小平同志的贡献，不仅改变了中国人民的历史命运，而且改变了世界的历史进程。"

1997年2月19日,邓小平与世长辞。他最后的嘱托是:不搞遗体告别仪式,不设灵堂,解剖遗体,捐献角膜,骨灰撒入大海。

对于深爱的人间,他留下一句话:"我是中国人民的儿子,我深情地爱着我的祖国和人民。"

邓小平塑像

尾 声

# 小平小道通往康庄大道

## 小平小道 XIAOPING XIAODAO

1969年10月至1973年2月，受到错误批判的邓小平被下放到江西新建县拖拉机修造厂劳动。为方便小平同志上下班，工人师傅们从工厂后墙开了个小门，并用炉灰渣铺了一条1500米长的小路，直通陆军步兵学校的住所。小平夫妇风雨无阻来来回回在这条小道上走了三年零四个月。人们把这条小道称为"小平小道"。

这是一条蜿蜒曲折、长满杂草的田间小道。路不宽，也不是很平，两旁就是庄稼地。这又是一条特殊的小道，小平同志每天往返于这条小道上，乱象丛生、大起大落、跌宕起伏的故事时时都在上演，他学习着，观察着，思考着，用自己坚实而稳健的步伐走出了一条解放思想、实事求是、改革开放的大道。邓小平夫人卓琳说："从'小平小道'上延伸出去的，则是一条通往国家富强、人民幸福的中国特色社会主义康庄大道。"

在"文化大革命"中，邓小平被批为"党内第二号走资本主义道路的当权派"，被撤销党内外一切职务，儿女们也遭遇迫害。在这种环境之下，1969 年，邓小平和妻子卓琳、继母夏伯根一起，被送到江西南昌，接受劳动锻炼再教育。邓小平所处的政治环境十分险恶。

但庆幸的是，江西省革委会为小平同志提供了较为安静宽松的外部环境，让他得以摆脱"文化大革命"的政治乱局。在刚决定邓小平下放江西时，周恩来就亲自打电话给江西省革委会负责人，要求不能将小平同志安排在赣南山区，应该将他安排在南昌市郊区。后来事实证明，这是保证邓小平生命安全的重要举措。小平同志的住所被安排在一个军事驻地南昌陆军步兵学校（今中国人民解放军陆军步兵学院），这样就避免了受到"造反派"的冲击，工作地点则安排在附近的新建县拖拉机修造厂。新建县也严格规定任何组织、个人不准干扰小平同志工作，拖拉机修造厂清理了"大字报""标语"，还把"造反派"迁出了工厂。不知是历史的巧合还是上天的眷顾，拖拉机修造厂的负责人罗朋，正好是邓小平的老部下，他品行正直，敢作敢为，在自己能力范围之内给了邓小平最好的关照。正如一位老同志所说："特殊时期，江西军民保护了小平同志，让他得以充分了解中国国情，得以从容地去思考问题。江西既是中国革命和建设的源头，更是福地。"

较为宽松的环境让邓小平得以安心读书思考。下放江西时，邓小平从北京带来大量书籍。平日午饭后，小平同志都会小睡片刻，然后读书，所读书目中除马列著作和毛泽东著作外，还有中外历史、文学、哲学、传记等方面的书籍。晚上 10 点上床后，小平同

## 小平小道 XIAOPING XIAODAO

小平小道陈列馆大厅里邓榕写的《在江西的日子里》，与行走在小平小道上的邓小平铜像

志还会读一个小时的书。1971年林彪事件以后，邓小平给毛泽东写信说"这两年，我每天上午到工厂劳动，下午和晚上，看书、看报、听广播和做些家务劳动"。在江西的三年，邓小平深入地了解基层一线的工人和农民的生活，超脱地观察复杂的政治局势，系统地阅读马列经典著作，并在学习中加深了对中国国情的认识，酝酿着理论创新。

如果没有在小平小道三年的观察与思考，就没有1974—1975年小平同志复出后大刀阔斧的整顿和1978年以后改革开放大胆而强有力的举措。卓琳同志说："通过三年的观察，他（邓小平）更加忧思党和国家的前途命运。通过三年的思考，他的思想更加明确、思路更加清晰、信念更加坚定。这些，对于他复出不久即领导进行全面整顿，以及在党的十一届三中全会后制定新时期路线方针政策产生了直接的影响。"从小平小道第二次复出后，邓小平接替病重的周恩来总理主持国务院工作，他把在小平小道上的思考用于国民经济建设的实践中，立即大刀阔斧地领导整顿。

一开始，邓小平即为落实毛泽东"军队要整顿"的指示做了部署，他要求解决部队中存在的肿、散、骄、奢、惰等问题。接着，他雷厉风行地着手领导铁路整顿，不到一个月就取得了突破性进展，随即在工交战线各行各业推广铁路整顿的经验，并乘胜转入钢铁工业和国防科技的重点整顿。借毛泽东提出要调整党的文艺政策的机会，邓小平把整顿从经济部门引导到上层建筑特别是意识形态领域，从1975年7月起，文艺的调整、军队的整顿、教育的整顿、科技的整顿、地方的整顿、农业的整顿先后展开，并取得明显成绩。在此基础上，他向全党全国提出"全面整顿"的任务，进而明确全面整顿包括军队整顿、地方整顿、工业整顿、农业整顿、商业整顿、文化教育整顿、科技整顿、文艺整顿和党的整顿九个方面。1975年11月，开始实施"批邓、反击右倾翻案风"，持续10个月的整顿工作被迫中断。

1975年邓小平对各方面工作进行的整顿，使全国形势明显好转。当年国民经济由停滞下降迅速转向回升，工农业总产值比上年增长11.9%，与1974年仅增长1.4%的状况形成鲜明对照，钢、原煤、棉纱及铁路货运量等都有较大幅度的增长。与此同时，科学、教育、文艺等领域开始打破严重沉寂混乱的局面，出现了新气象。整顿中，各级党的领导，尤其是党对军队的领导得到加强，各条战线的生产、工作秩序逐渐好转，许多地区的严重派性和"武斗"受到抑制，落实干部政策及其他方面政策的工作取得较大进展，全国的社会秩序逐渐趋向安定团结。全面整顿说明了邓小平关于改革的政策方针是正确的，为随后进行的改革开放积累了经验。中央指出，"这次整顿实质上是后来改革的实验，反映了广大干部和群众的愿望""整顿的业绩和他在整顿中表现出来的风骨，赢得了党心、军心、民心"。

1978年12月，党的十一届三中全会召开，会议做出实行改革开放的重大决策。作为改革开放的总设计师，邓小平总是挺立在时

尾声　小平小道通往康庄大道

邓小平在党的十一届三中全会上

代潮头，以敏锐的目光注视着中国发展的前景，带领着中国人民逐步开辟了一条建设中国特色社会主义的道路。1978年，中国GDP只有3624.1亿元，人均GDP只有379元。2023年中国GDP超过126万亿元，是1978年的347倍多；人均GDP达89358元，是1978年的235倍多，中国经济成为世界经济增长的最大引擎。中国在新时代成功实现脱贫攻坚，9899万农村贫困人口全部脱贫，困扰中华民族几千年的绝对贫困问题得到历史性解决，创造了人类减贫史上的伟大奇迹。中国的高铁运营总里程、高速公路总里程、港口吞吐量等均居世界第一位，载人航天、探月探火、深海深地探测、超级计算机、卫星导航、量子信息、核电技术、大飞机制造、生物医药等取得重大成果，进入创新型国家行列。

今年是改革开放46周年，中国国力早已今非昔比，中华民族正无比接近伟大的民族复兴。在尽情享受改革开放辉煌成果的时刻，我们不应忘记南昌市郊这条普通的小道对中华民族产生过深远影响。正是在这条普通的小道上，小平同志博览群书，深入剖析中国国情，汲取群众的智慧和力量，大刀阔斧、勇往直前地开创了全面整顿的新局面，探索出了改革开放的强国之路和中国特色社会主义的康庄大道。习近平总书记指出："如果没有邓小平同志指导我们党作出改革开放的历史性决策，我们国家要取得今天的发展成就是不可想象的……邓小平同志不愧为中国改革开放的总设计师，不愧为中国特色社会主义道路的开创者。"

我们要结合今天的具体情况，在以习近平同志为核心的党中央领导下，充分挖掘利用好小平小道这笔宝贵的精神财富，使其在新时代中国特色社会主义建设中发挥出更大作用。

尾 声 小平小道通往康庄大道

1978年3月,全国科学大会在北京召开。邓小平在会上作出科学技术是第一生产力、知识分子是工人阶级一部分的论断。图为会后邓小平接见出席全国科学大会的代表

# 参考文献

1. 邓榕：《在江西的日子里》，《人民日报》1984 年 8 月 22 日。

2. 中共中央文献研究室、中央电视台编：《大型电视文献纪录片〈邓小平〉》，中央文献出版社 1997 年版。

3. 路小可：《邓小平的非常之路》，人民出版社 2001 年版。

4. 程桂芳、凌步机等：《邓小平小道》，中央文献出版社 2002 年版。

5. 余玮、吴志菲：《红舞台下的凡人邓小平》，人民出版社 2004 年版。

6. 中共中央文献研究室邓小平研究组编：《邓小平自述》，解放军出版社 2005 年版。

7. 卓琳：《致小平小道陈列馆的信》，2008 年 12 月 16 日。

8. 余伯流：《毛泽东与邓小平》，江西人民出版社 2011 年版。

9. 余玮：《平民邓小平》，人民日报出版社 2013 年版。

10. ［英］理查德·伊文思：《邓小平传》，田山译，国际文化出版公司 2013 年版。

11. 邓榕：《我的父亲邓小平："文革"岁月》，生活·读书·新知三联书店 2013 年版。

12. ［美］傅高义：《邓小平时代》，冯克利译，生活·读书·新知三联书店 2013 年版。

13. 中共中央文献研究室、中共四川省委编：《邓小平画传》，中央文献出版社 2014 年版。

14. 凌步机：《邓小平在江西的日子》，江西人民出版社 2019 年版。

15. 中共中央文献研究室编：《邓小平年谱》，中央文献出版社 2020 年版。

16. 刘金田、李菁、刘贵军：《邓小平在江西日子里的思考》，江西高校出版社 2021 年版。

17. 小平小道陈列馆讲解词。

# 后 记

2010年，我从北京调任江西省人民政府副省长，分管文化、旅游和教育。因为工作的原因，我经常到小平小道陈列馆和"将军楼"去考察工作，接待重要客人。在此过程中，我越来越感觉到"小平小道"的重要性，觉得这是一个改变中国命运的神奇之地。经过积极争取，我们为小平小道在中央电视台做了一个大广告，叫《伟人足迹》。

2018年，举国上下掀起了庆祝改革开放40周年的热潮。1978年，中国人均GDP只有385元；而2017年，人均GDP达到了59660元，是40年前的155倍。改革开放为中国带来了翻天覆地的变化，那么，这个思想是从哪里起源的？经过认真调研和准备，我写了一篇回忆邓小平同志"文化大革命"时期在江西生活和劳动的文章。2018年9月28日，这篇文章在《江西日报》用一个整版发表后，受到各方关注，马上被江西时政头条以《江西这条小道为何能把中国引向康庄大道，朱虹同志这篇文章说清了》为题进行转发，随后中国共产党新闻网、人民网、求是网、中央党校《学习时报》、中央宣传部"学习强国"等平台及全国各省权威新闻网站，包括邓小平故居四川广安的新闻网站也都全文转载。

五年来，每次陪同客人去小平小道陈列馆参观考察，经常听到外省来客对小平同志在江西生活的好奇询问，有时问得讲解员也回答不上来，我就觉得一篇文章的体量还是不够，应该写一本专门讲述小平同志在江西三年零四个月下放生涯的书。

这个念头萌发后，我便开始在工作之余阅览大量资料特别是内部资料，到历史现场实地考察，寻访历史亲历者，掌握了很多第一手资料以及动人的细节，对小平同志下放江西劳动期间的工作时长、生活作息、三餐食谱、读书锻炼等情况均有所了解，逐渐形成了这本书的雏形。酝酿成熟之后，我于2023年夏天开始动笔，从一篇文章到起心动念写一本书，五年来夙兴夜寐，一朝瓜熟蒂落。也许是机缘巧合，成书付梓之际，恰逢邓小平同志诞辰120周年。我想，这正是对小平同志这位伟人最好的纪念吧。

在这本书的创作期间，我常常情不自禁地在书房里踱步，有时候甚至彻夜难眠。可能是自己的年纪与在江西时的小平同志相近，因此投注了很深的情感。想一想，一个年近70的老人遭逢重大打击，被下放到江西一待就是三年多，亲人也受到牵连，他是如何克服这种挫折的？是什么支撑他度过人生中的艰难岁月？其间他展现出了什么样的特殊品质？众所周知，邓小平一生最大的贡献是在他73岁第三次复出之后做出的，可以说他简直颠覆了人类社会的"常识"，化人生的"不可能"

为"可能"！

无情未必真豪杰，怜子如何不丈夫！我在构思本书时，以两个"贯穿"为指导思想。一是"情"，以"情感"作为故事的主线来写。小平同志对国家的情、对人民的情、对家人的情、对朋友的情，朴素而深沉，令人动容。二是"精神"。他在与毛主席的谈话中提到，"忍耐""等待""乐观主义"这三种精神，是他度过艰难岁月的"法宝"。

我希望读者们在阅读《小平小道》一书时，能跨越时代的鸿沟，沿着故事的脉络，走近一个既有着超人境界和非凡格局，也有着普通人的爱憎和深情的邓小平，从故事中汲取智慧，从思想中吸收养分，从精神中获得力量。愿每一颗青春的心灵都不畏艰险、踏平坎坷、勇毅前行！

最后，我要对中共中央党史和文献研究院的权威指导，中共江西省委党史研究室的审读把关，小平小道陈列馆及江西省档案馆的资料协力，致以最诚挚的谢意。这些宝贵的帮助，为本书增色不少，使本书能更真实地再现邓小平同志的足迹与思想，向读者传递历史的温度与力量。

朱 虹
2024 年 4 月

**图书在版编目（CIP）数据**

小平小道 / 朱虹著. -- 海口：三环出版社（海南）有限公司；南昌：江西教育出版社，2024.8.
ISBN 978-7-80773-253-2
Ⅰ.A762
中国国家版本馆 CIP 数据核字第 2024V6D822 号

# 小平小道
**XIAOPING XIAODAO**　　朱　虹 ◎ 著

| | | | |
|---|---|---|---|
| 策　　划 | 吴　斌 | 编辑统筹 | 张秋林　熊　炽 |
| 责任编辑 | 张华华　姜　嫚　董甜甜　刘金玲 | 文字统筹 | 张　雷　李旺根 |
| 责任校对 | 邓波尔 | 封面设计 | 梅家强 |
| 特约编辑 | 付晓聪　华传通 | 美术编辑 | 万紫怡 |
| 封面绘画 | 王　勇 | 责任印制 | 万　明 |
| 摄影图片 | 李一意　FOTOE 图片库提供 | | |

出版发行　三环出版社（海口市金盘开发区建设三横路 2 号）
　　　　　江西教育出版社（南昌市学府大道 299 号）
　　　　　邮　编 570216　邮　箱 sanhuanbook@163.com
社　　长　王景霞　　总编辑　张秋林
印刷装订　江西千叶彩印有限公司
开　　本　720 mm × 920 mm　1/16
印　　张　15
字　　数　200 千字
版　　次　2024 年 8 月第 1 版
印　　次　2024 年 8 月第 1 次印刷
书　　号　ISBN 978-7-80773-253-2
定　　价　35.00 元

**版权所有，不得翻印、转载，违者必究**
如有缺页、破损、倒装等印装质量问题，请寄回本社更换。
联系电话：0898-68602853　0791-86237063